Martin Erdmann

Zur Kunde der hellenistischen Städtegründungen

Martin Erdmann

Zur Kunde der hellenistischen Städtegründungen

ISBN/EAN: 9783743478923

Hergestellt in Europa, USA, Kanada, Australien, Japan

Cover: Foto ©ninafisch / pixelio.de

Martin Erdmann

Zur Kunde der hellenistischen Städtegründungen

Protestantisches Gymnasium

zu Strassburg

gegründet im Jahr 1538.

—————

PROGRAMM

für das Schuljahr 1883-1884.

Als Einladung

zu der

öffentlichen Prüfung am 3. August

und der

Schlussfeier am 4. August 1883.

—————

INHALT:

1. Zur Kunde der hellenistischen Städtegründungen, von M. Erdmann.
2. Schulnachrichten.

—————

STRASSBURG

Joh. Heinr. Ed. Heitz, Buchdrucker des protestantischen Gymnasiums
Schlauchgasse, 5
1883.

Oeffentliche Prüfung, Freitag, den 3. August.

8—8 $\frac{1}{2}$ Uhr.	Nona^a : Deutsch, Rechnen, Gesang.	Schrötel.
8 $\frac{1}{2}$—9 »	Septima^b: Deutsch, Rechnen, Gesang.	Hardt.
9—9 $\frac{1}{2}$ »	Sexta^b : Latein.	Schnakenberg.
9 $\frac{1}{2}$—10 »	Quinta^b : Rechnen.	Roth.
	Gesang.	Behre.
10—10 $\frac{1}{2}$ »	Quarta^b : Latein, Geschichte.	Erdmann.
10 $\frac{1}{2}$—11 »	Unt. Tertia^b : Griechisch.	Schroeder.
2—2 $\frac{1}{2}$ »	Unt. Secunda : Französisch.	Roehrig.
2 $\frac{1}{2}$—3 »	Ober-Secunda : Deutsch.	Kannengiesser.
3—4 »	Gesang und Turnen.	Behre u. Räuber.

Die von den Schülern angefertigten Zeichnungen sind im Prüfungslokal ausgestellt.

Schlussfeier, Sonnabend, den 4. August, Vormittags 8 Uhr.

Zur Kunde

der hellenistischen Städtegründungen.

I.

Φοῖβος ἀεὶ πολίεσσι φιληθεῖ
κτιζομένης, αὐτὸς δὲ θεμείλια Φοῖβος ὑφαίνει.

Kallimachos in Apoll.

Die nachfolgenden Blätter dürften einen sehr fragmentarischen Eindruck machen. Auch in gelehrten Dingen ist ja unser Wissen in alle Wege Stückwerk; hier aber möchte es scheinen, als führe der Pfad des Forschers in unwegsamem Gebiete auf einen Boden, der den Tritt nicht mehr aushält. So würde ich mit dem Folgenden wohl nicht so bald an die Oeffentlichkeit getreten sein und erst weitere Befestigung der Resultate abgewartet haben, hätte ich nicht die Aufforderung erhalten, diesmal im Programm das Wort zu ergreifen und von eigener Beschäftigung mit der Wissenschaft Zeugnis abzulegen. Deshalb entlasse ich die Arbeit, wie sie ist, im Vertrauen auf die Nachsicht der Meister.

Schon lange war ich auf einen Mann aufmerksam geworden, der mir einer grösseren Berücksichtigung wert schien, als ihm meist gezollt wurde. Denn sein Wirken glückte ihm im Stillen, und man lohnte ihm mit Vergessenheit. Der Milesier Hippodamos war es, der unter den Griechen eine rationelle Anlage von neu zu erbauenden Städten wenn nicht erfand, so doch im östlichen Teile der ihnen gehörigen Erde zuerst zur Anwendung brachte. Unter dem Schirm des Perikles erhielt er vom athenischen Volke die Erlaubnis, im Peiraieus, dem aufblühenden Emporion der Stadt, seine Theorien in Praxis umzuwandeln. Zwei andere Städte, deren Gründungszeit nicht sehr weit abliegt, Thurii und Rhodos, schienen weitere Belege für seine Kunst abzugeben. Was über dieses Mannes Persönlichkeit und Leben, seine Kunst und jene Städte mir auffindbar war, trug ich in einen Aufsatz zusammen, der vor kurzem in einer Fachzeitschrift[1] erschien.

----

[1] Philologus 1883, 2. Heft.

Die damit begonnene Untersuchung schien aber ganz dringend Fortsetzung zu erheischen. Denn gerade nach dem Tode jenes Hippodamos gelangten, so scheint es, seine Prinzipien zur allgemeinsten Anerkennung und Anwendung. Im fünften vorchristlichen Jahrhundert hatte Hippodamos gewirkt, im vierten sehen wir die gewaltige Umwälzung sich vollziehen, welche aus ganz Vorderasien und Aegypten griechisches Land macht, für alle Art hellenischen Lebens und Könnens ein unermessliches Gebiet eröffnet. Die Hunderte von Städten, welche dem Zuge Alexanders des Grossen, der Weisheit und der Prunksucht seiner Nachfolger das Dasein verdankten, wie verhalten sie sich zu den Städtemustern, die der milesische Architekt für Mit- und Nachwelt erbaute? Die hellenistische Zeit, in deren Vorgängen überhaupt *mehr als Nahrung für den geschäftlichen Müssiggang der Gelehrsamkeit zu suchen ist*[1], bietet ein weites Forschungsfeld. Hier galt es die Sonde einzusenken, hier musste versucht werden, ob man den dürftigen Notizen alter Skribenten, die sich für nichts weniger zu interessieren pflegen als für das Technische, ob man den ungenauen, subjektiv gefärbten und lückenhaften Berichten der neueren Reisenden nicht positive Angaben abgewinnen könnte, welche beitrügen, die noch wenig bearbeitete Frage nach dem Städtebau der Griechen zu lösen.

Die wesentlichen Gesichtspunkte für die Untersuchung schienen durch jenen Aufsatz schon gegeben zu sein. Eine kreuzförmige Anlage der beiden Hauptstrassen ergab sich als die wichtigste Grundlage für Hippodamos' Städteplan. In den Schnittpunkt verlegte er den Marktplatz; die Umfassung wurde als kreisförmig angenommen, während in Wirklichkeit die genaue Kreisform kaum je erreicht wurde. Ferner schien Hippodamos diesen vollständigen Typus mitunter auch halbiert und so einen zweiten Grundplan hergestellt zu haben, in welchem sich um eine gegebene Küstenlinie die Stadt halbkreisförmig aufbaute, während eine radiale Hauptstrasse vom Markte am Hafen bis zur Enceinte hinaufführte[2].

Diese Typen wollte ich auch in den Alexanderstädten suchen, als mir durch die Werke Professor Nissens, sowie durch die persönliche Belehrung, die mir derselbe gütigst zuteil werden liess, ganz neue Gesichtspunkte gegeben wurden. Dieselben betreffen zunächst das bei der Anlage der Städte gebrauchte Längenmass, alsdann die Nissensche Theorie über die Beziehung von Baulichkeiten zu dem Jahrestag ihrer Gründung. Der erste Punkt führt auf metrologisches, der andere auf astronomisches Gebiet. Ueber beide ist hier Rechenschaft zu geben.

Die Lehre von den alten Massen der Griechen und Römer ist durchaus noch nicht auf allen Punkten klar und sicher. Denn auch die Ansetzungen von Hultsch[3] sind nicht alle zuverlässig. Der Architekt Wilhelm Dörpfeld, wohl bekannt von Olympia her,

---

[1] Droysen, Geschichte des Hellenismus II, S. 756.

[2] Die gradlinige Anlage, wie wir sie in Griechenland von Hippodamos datieren, ist im Mittelalter und in der Neuzeit vielfach wiedergekehrt, wo eine Stadt willkürlich mit einem Schlage hervorgerufen wurde. Für Süddeutschland giebt Mannheim ein bekanntes Beispiel; Karlsruhe, ebenfalls sehr systematisch, ist nach einem andern, fächerförmigen Grundplan gebaut, der im Altertum bisher noch nicht nachgewiesen ist.

[3] Griechische und römische Metrologie. Berlin 1882.

hat in einer neulich veröffentlichten Abhandlung [1] überzeugend nachgewiesen, dass der allgemein als wissenschaftliche Thatsache angesehene attische oder griechische Längenfuss von 0,308 Meter in Athen niemals existiert hat [2], sondern dass der bis in die späteste Zeit dort übliche Längenfuss 0,296 (genauer 0,2957) [3] betrug [4] und vollkommen mit dem späteren römischen übereinstimmte. Der Fuss zu 0,308 ist nur von römischen Agrimensoren aus Rechnungsrücksichten für Kyrene angenommen worden und hatte ein ganz beschränktes Anwendungsgebiet. Demnach sind bei allen Längenangaben, wo wir attisches Mass vermuten dürfen, folgende Werte anzurechnen :

$$1 \ \text{πούς} \quad = \quad 0,296$$
$$1 \ \text{πῆχυς} \quad = \quad 0,444$$
$$1 \ \text{πλέθρον} \ = \quad 29,6$$
$$1 \ \text{στάδιον} \ = \ 177,4 \ [5]$$

Die peinliche Genauigkeit, womit Dörpfeld alle früher ins Feld geführten Argumente für jenen attischen Fuss widerlegt und an der Hand vieler Messungen seine eigene Ansetzung als richtig nachweist, erwecken das Vertrauen, dass in seinen Thesen auch das probehaltig sein werde, wofür er den Beweis noch schuldig ist [6]. So gebe ich hier das von Hultsch Abweichende wieder.

Dörpfeld leugnet die früher geglaubte Identität der beiden von Herodot erwähnten grossen Ellen, der orientalischen und der ägyptischen, giebt nur der letzteren die von Hultsch bestimmte Länge [7], und setzt die orientalische gleich circa 0,500 m [8]. Die kleinere ägyptische Elle bemisst er zu 0,449 m. Ebenso leugnet er die Identität des zur ägyptischen

---

[1] Mittheilungen des deutschen archäologischen Instituts zu Athen, 1882, Heft 3.

[2] Noch in den von Curtius und Kaupert herausgegebenen *Karten von Attika* ist das Stadium zu 184,7 m angegeben, also nach dem Fusse = 0,308.

[3] Hier ist unter den Gelehrten noch ein geringfügiges Schwanken. Nach Rapers Untersuchungen haben Hultsch (Metrol. S. 75) und Nissen (Templum S. 95) den römischen Fuss gerechnet zu 0,29574; Nissen korrigiert sich aber in den *Pompej. Forsch.* (S. 86) und setzt den Fuss genau zu 0,296. Dörpfeld geht wieder auf das kleinere Mass zurück, will den Unterschied aber nur bei genauen Messungen berücksichtigen.

[4] Von Solon eingeführt. Früher sei in Athen wahrscheinlich der Äginäische Fuss in Gebrauch gewesen, der 0,333 betrug.

[5] Das olympische Stadion ist davon bedeutend abweichend. Curtius und Adler, *Olympia und Umgegend* S. 30: *Mehrfach wiederholte genaue Messungen ergaben das wichtige Resultat, dass die Totallänge 192,27 m beträgt und also der olympische Fuss auf 0,3204 festgesetzt werden muss.* Diese Masseinheit hatte Dörpfeld schon am Zeustempel ermittelt. Jedoch rechnet er selbst (a. a. O., S. 284) seine Messungen in Olympia zu den mangelhaften.

[6] Bis jetzt ist mir nur der erste Teil jener Abhandlung zu Gesicht gekommen.

[7] Mit geringfügiger Abweichung:

	bei Hultsch (S. 279):	bei Dörpfeld:
ägyptische Elle	= 0,525 — 0,527	0,524
ptolemäischer Fuss	= 0,350	0,349

[8] Berechnet aus Herodot 1, 178: ὁ δὲ βασιλήιος πῆχυς τοῦ μετρίου πήχεος μέζων τρισὶ δακτύλοισι. Denn sobald mir den μέτριος πῆχυς als die Elle des Fusses von 0,2957 ansehen, erhalten wir:

$$1 \ \text{βασιλήιος πῆχυς} = 0,2957 . \ ^3/_5 . \ ^{27}/_{24} = 0,499.$$

Elle gehörigen ptolemäischen Fusses mit dem philetärischen. Letzterer gehöre zur orientalischen Elle, sei also = 0,333 m. Für das wichtigste Ergebnis seiner Untersuchungen erklärt aber Dörpfeld selbst den Nachweis, *dass in den meisten Städten des Altertums die Längenmasse, Hohlmasse und Gewichte einheitliche, auf dem Längenmasse beruhende Systeme bildeten*; dass es also keine moderne Neuerung ist, wenn bei uns das Kilogramm auf dem Liter und dieses auf dem Decimeter beruht.

Sehr zu beachten ist ferner die vierte These, in welcher es heisst: *Die italischen Masse sind von den römischen ganz verschieden; der italische Längenfuss misst* 0,278 m, *der römische pes monetalis* 0,296. Der hier *italisch* genannte ist der von Nissen [1] nachgewiesene *oskische Fuss*; nur dass dieser ihn ein wenig geringer, zu 0,275 annimmt. Dieser Fuss wird deshalb für uns wichtig, weil Dörpfeld ihn auch als einen für Makedonien gültigen nachweisen will [2].

Die genaue Bestimmung der im Altertum üblichen Masse ist nämlich deswegen auch für den Städtebau von grosser Bedeutung, weil ohne Zweifel bei dem Abmessen von Strassen und Häuserquartieren planmässig angelegter Städte stets ein bestimmtes Längenmass zu Grunde gelegt wurde. Ein Architekt solle auf freiem Terrain eine Strasse parallel zu einer andern ziehen; wie wunderlich und beschwerlich wäre es, wenn er zur Entfernung eine inkommensurable Grösse nähme! Dörpfeld hat in den kleinen Sims- und Säulenteilen überall Vielheiten des attischen Daktylos gefunden. In der neulich entdeckten Inschrift der philonischen Skeuothek im Peiraieus [3] ist jedes architektonische Mass genau in Fuss, Handbreiten und Zoll angegeben. Ebenso können wir auch bei den hellenistischen Neuanlagen annehmen, dass sich die Entfernungen in Vielheiten eines Fusses oder einer Elle ausdrücken lassen.

Nach Obigem sind nun folgende Masssysteme zu erwarten:

Für Aegypten die königliche (grosse) Elle zu 0,525 oder 0,524, mit dem ptolemäischen Fuss zu 0,350 oder 0,349; schwerlich die kleine ägyptische Elle zu 0,419; denn diese scheint bei Beginn der ptolemäischen Herrschaft verschwunden zu sein [4].

Für Vorderasien die babylonische königliche Elle zu 0,500, mit dem dazu gehörigen philetärischen Fusse zu 0,333.

Oder für Aegypten und Vorderasien der attische und römische Fuss zu 0,296.

Oder endlich der italische (makedonische?) Fuss zu 0,275 oder 0,278.

---

[1] Templum S. 95; Pompej. Forsch. S. 86.

[2] Dies hatte Dörpfeld mündlich Herrn Professor Nissen mitgeteilt. Auf eine darauf bezügliche nach Athen gerichtete Anfrage gab er mir sogleich folgende freundliche Auskunft: *Sichere Beweise dafür, dass dieser Fuss 0,278 m war, habe ich nicht; nur aus Hohlmassen und Gewichten scheint mir hervorzugehen, dass der makedonische Fuss vielleicht so gross gewesen ist. Es würde ja gewiss sehr interessant sein, wenn Sie von einem andern Ausgangspunkte zu demselben Resultate gelangen könnten. Ich glaube bestimmt, dass der italische Fuss eine sehr grosse Verbreitung gehabt hat.*

[3] Fabricius im Hermes 1882, S. 552 f.

[4] S. Hultsch Metrol. S. 280.

Hierbei ist zu bemerken, dass die babylonische Elle mit ihrem Fuss als $^{1}/_{2}$ und $^{1}/_{3}$ Meter sich leicht verraten muss, wenn anders die neuen Messungen in Metermass ausgeführt sind. Finden wir aber eines der genannten Masssysteme in einer Stadt, so könnten leicht die Entfernungen in dieser zur Rektifizierung desselben dienen, und auf diese Weise die Topographie der Metrologie ihre Hülfe mit Zinsen wiedererstatten.

In ein ganz anderes Gebiet rückt die Frage nach den griechischen Städteanlagen, wenn wir von der Nissenschen Theorie ausgehen. Nissen hat nämlich [1] für die italische auf den beiden sich kreuzenden Linien Kardo und Decumanus basierende Limitation das Gesetz eruiert, dass die Richtung des Decumanus dem Sonnenaufgangs- oder Untergangspunkt am Gründungstage des Templum, das heisst des mit religiöser Weihe vermessenen Raumes für Lager, Stadt und Tempel entspricht. Jener Gründungstag ist der *Geburtstag* des Templum ; denn *wie jeder Mensch, so hat auch der Gott und die Götterwohnung und das Templum in seinen verschiedenen Anwendungen überhaupt einen Geburtstag* [2]. Daraus folgt, dass wir aus den Ruinen einer Stadt oder eines Tempels den Gründungstag, der dann für den Tempel zugleich der Geburts- oder Festtag des darin verehrten Gottes ist, entnehmen können. Man sucht nämlich die Hauptstrasse der Stadt, beziehentlich die Längenachse des Tempels, misst die Abweichung dieser Linie von der genauen Ostwestlinie in Graden, und berechnet alsdann astronomisch — nach den dem *Templum* beigegebenen Tieleschen Tabellen — das Monatsdatum, an welchem die Sonne im Gründungsjahr mit dieser Entfernung vom Ostpunkte auf- oder unterging. Umgekehrt kann man, wenn der Gründungstag, oder bei einem Tempel der Festtag des Gottes, dem er gehörte, bekannt ist, die Lage der Hauptstrasse oder Tempelachse berechnen.

Dies Gesetz trifft nicht bei allen italischen Tempeln zu ; vielmehr unterscheidet Nissen selbst drei Klassen [3], wovon die erste diejenigen Tempel umfasst, deren Längenachse in der ungegebenen Weise in unmittelbarer Relation zur Sonne steht ; in der zweiten Klasse geht dieselbe von Norden nach Süden, und die Querachse richtet sich nach Sonnenauf- oder untergang ; in der dritten haben beide keine Beziehung zur Sonne.

Die erhaltenen griechischen Tempel liegen nun mit einer einzigen Ausnahme, dem Apollotempel von Phigaleia, alle nach Osten, das heisst so, dass die Eingangsfront und das Gesicht des Kultbildes nach Sonnenaufgang gewandt war, und die Sonne des Morgens zur Thüre hineinschien. Die genauere Richtung ist verschieden und schwankt zwischen 248 und 298 Grad, Osten gleich 270 genommen. Aber sämtlich liegen die Punkte in den für jene Gegenden geltenden Grenzen des Aufgangs der Sonne. Daraus folgert Nissen unmittelbar [4], dass jenes Gesetz auch für griechische Tempel gilt, und hier viel allgemeiner als für italische.

---

[1] Templum Cap. VI.
[2] Ebenda S. 106.
[3] Ebenda S. 189, vgl. auch 162.
[4] Ebenda S. 230.

Die Frage ist eine der interessantesten der Topographie und bedarf weiterer Aufklärung. Für Italien hat Wolfgang Helbig[1] einen sehr schätzbaren Beitrag geliefert, indem er diese Rücksichtnahme auf den wirklichen Aufgangspunkt der Sonne, nicht den genauen Ostpunkt, schon bei den vielen jetzt untersuchten Pfahlbauten des Polandes aufgefunden hat[2]. *Die Niederlassungen,* sagt Helbig, *bilden Oblonge, deren Schenkel nach den vier Himmelsgegenden orientiert sind. Doch ist die Orientierung, abgesehen von einem Falle, keine astronomisch genaue, scheint vielmehr in empirischer Weise nach Punkten bestimmt, wo die Sonne während des Frühjahrs auf- und untergeht.* Jener eine Fall geht auf die terramare — so nennt man die Stellen der Pfahlbauten — von Montecchio. Hier liegen drei Pfahlbauten über einander. Während die beiden untern in der gewöhnlichen empirischen Weise orientiert sind, entspricht die Anlage der obersten genau dem Meridian. Und auch dies kommt, wie Helbig selbst sagt, vielleicht daher, dass die Anlage zur Zeit der Tag- und Nachtgleiche erfolgte.

Für Griechenland wird die Forschung durch den griechischen Kalender bedeutend erschwert, der mit seinen Mondmonaten und umständlichen Schaltungen der Umrechnung in julianische Daten sich sehr widersetzt. Nichtsdestoweniger muss einmal untersucht werden, ob und inwieweit die Nissensche Regel auch für die griechischen Städteanlagen gilt: eine Frage, die noch ganz offen ist[3].

Welche Bedeutung oder welchen Zweck würde aber bei den hellenischen Anlagen eine solche Beziehung auf die Sonne gehabt haben? Helbig[4] will bei den Pfahlbauten durchaus an keine religiösen, sondern lediglich an praktische Gesichtspunkte glauben. *Da nämlich,* sagt er, *in einer orientierten Anlage Sonne und Schatten gleichmässig verteilt sind, so bietet sie zu allen Tageszeiten eine entsprechende Anzahl von sonnigen Plätzen dar, an denen man sich bei kaltem Wetter erwärmen kann, wie von solchen, die während der Hitze Schatten gewähren. Es ist recht wohl denkbar, dass ein primitives Volk, das in innigem*

---

[1] Die Italiker in der Po-Ebene. Leipzig 1879, S. 11.

[2] Ein sprechender Beweis für jenen sinnreichen Satz des Plinius: (*priscis temporibus) non minus ingeniosum fuisse observationem quam nunc esse rationem.*

[3] Eine ganze Reihe von Fragen knüpfen sich hier an. Wie steht es mit den ägyptischen Tempeln, für die Nissen (*Templum* S. 232) die nämlichen Gesetze vermutet? — Ist die Beziehung auf den Sirius, für welche er ein Beispiel giebt, oder auf andere Himmelsgestirne, Mond, Venus u. s. w. sonst nachweisbar? Die Seitenflächen der Pyramiden sollen abgeschrägt sein nach dem damaligen Stande des Sirius (Mädler, *Geschichte der Himmelskunde* I, S. 28). — In welchem Verhältnis steht die griechische Theorie und Praxis der Städteanlage zur italischen Limitation? Hierin hat Nissen selbst seine Ansicht geändert. Im *Templum* (S. 95) will er, obwohl man bei einer Stadt wie Nikaia in Bithynien unwillkürlich an ein römisches Lager denke, gar keinen Zusammenhang statuieren: weder der jüngere, noch der ältere Städtebau der Griechen habe mit der Schöpfung des altitalischen Stadtschemas, welches durchaus in Italien entstanden und ausgebildet sei, irgend etwas gemein. In den *Pompej. Forschungen* (S. 591) dagegen nimmt er direkten Einfluss der griechischen Technik auf den Bau von Pompeji an und sagt, dass die Städte der Italioten und Sikelioten das unmittelbare Vorbild für die italische urbs abgegeben haben. Ja sogar Babylon könne wohl das eigentliche Vorbild und Urbild der italischen Stadt sein. Helbig (S. 61) verteidigt wieder die erste Ansicht Nissens gegen die zweite, nur dass er die eigentliche Ausbildung der Limitation nicht in die Po-Ebene, sondern nach Etrurien verlegt.

[4] A. a. O. S. 61.

Zusammenhange mit der Natur lebte, diesen Vorteil erfasste und deshalb seine Niederlassungen orientierte. Zugegeben, dass das für jene primitiven Dörfer richtig ist, so wird doch niemand der ausgebildeten italischen Limitation den wesentlich religiösen Charakter absprechen wollen. In dem Aufgang des herrlichsten Himmelsgestirnes liegt für den Menschen eine täglich erneute Wohlthat Gottes: so ist es ein Beweis frommen Gefühls, menschliche Bauten auf dieses Phänomen zu beziehen.

Bei den Griechen ist nun ja gewiss nicht zu leugnen, dass sie bei der Anlage regelmässiger Strassen sehr wohl an praktische Momente dachten. Aristoteles giebt den hygieinischen Gesichtspunkte als den ersten an, der bei Anlegung von Städten in Betracht komme[1]. Ich erinnere ferner an den Tadel, welchen der nach griechischen Quellen schreibende Vitruv über die Strassen Mytilenes ergehen lässt, weil sie in ihrer Richtung nicht den schädlichen Winden Rechnung trügen[2], sowie an die Vorschriften, die er überhaupt über die Absteckung der Stadtstrassen macht[3] [4].

Aber andererseits erscheint auch die Einwirkung religiöser Momente auf die Feststellung des Stadtplans recht wohl glaublich, wenn man bedenkt, wie sehr die Griechen die Gründung neuer Städte als einen Act betrachteten, der ohne göttliche Sanktion schlechthin unthunlich war[5]. Abgesehen von den alten Koloniengründungen ist gewiss zu beachten, eine wie hervortretende Rolle bei den makedonischen Anlagen Opfer und Vorbedeutungen spielen.

Was geradezu die Sonne anlangt, so darf man wohl an die Ahnensage erinnern, welche die makedonische Dynastie in direkte Beziehung zu derselben setzt. Drei Brüder, so erzählt Herodot[6], hüten in Lebaia dem König die Herden. Da dieser sie plötzlich entlässt, fordern sie ihren Lohn. Der König, *von Gott geschlagen,* zeigt auf die Sonne, die durch den Rauchfang in das Haus scheint: diesen Lohn wolle er ihnen geben als ihrer würdig. Die älteren Brüder stehen starr, Perdikkas aber, der Ahnherr des makedonischen Herrschergeschlechtes, ruft: *Wir nehmen die Gabe,* umschreibt mit seinem Messer den beschienenen Boden und schöpft dreimal von der Sonne in seinen Schoss.

Auch der Vers des Kallimachos, den ich an die Spitze dieses Kapitels gesetzt habe, bedeutet wohl etwas mehr, als dass der Himmelsgott sich über alles Neuentstehende freue.

---

[1] Polit. IV (VII), 10 (11): πρῶτον μὲν, ὡς ἀναγκαῖον, πρὸς ὑγίειαν. Er fährt fort: αἴ τε γὰρ πρὸς ἕω τὴν ἔγκλισιν ἔχουσαι καὶ πρὸς τὰ πνεύματα τὰ πνέοντα ἀπὸ τῆς ἀνατολῆς ὑγιεινότεραι, δεύτερον δὲ κατὰ βορέαν, εὐχείμεροι γὰρ αὗται μᾶλλον.

[2] De archit. I, 6, 1.

[3] Ebenda § 6; vgl. nachher S. 22.

[4] Nicht durchaus konnte die neue, hippodamische Bauart als die gesündere gelten. Nach dem Aufbau Roms durch Nero (Tac. ann. XV, 43) *erant tamen qui crederent veterem illam formam salubritati magis conduxisse, quoniam angustiæ itinerum et altitudo tectorum non perinde solis vapore perrumperentur: at nunc patulam latitudinem et nulla umbra defensam graviore æstu ardescere.*

[5] Cic. de divin. I, 1: *quam Græcia coloniam misit in Aeoliam, Joniam, Asiam, Siciliam, Italiam sine Pythio aut Dodonæo aut Hammonis oraculo?*

[6] VIII, 137.

Das dürften die notwendigsten allgemeinen Vorerinneruugen sein. Für die einzelnen Städte haben wir der Natur der Sache nach doppelte Quellen: eimal antike, bestehend in Nachrichten bei den Schriftstellern und eventuell in Inschriften; sodann moderne, unter denen wir die Reisebeschreibungen und geographischen Handbücher scheiden müssen von den methodischen topographischen Untersuchungen. Wo die letzteren ganz fehlen, kann nur mit Mühe etwas Sicheres ausgemacht werden. *Der Augenschein lehrt uns die Bücher verstehen, aber ohne die Bücher sehen wir nur halb*[1]. Zumal die beiden oben entwickelten Gesichtspunkte, der metrologische und astronomische, verlangen eine exakte Angabe des Thatsächlichen. Wie viel dabei noch zu wünschen übrig ist, wird einleuchten, sobald wir uns an die einzelnen Städte machen. Bei allen ist die alte Herrlichkeit dahin, bei den meisten kein Versuch gemacht, sie wieder aufzudecken — *früher waren sie gottgesegnet, jetzt sind sie tot; denn die Städte sterben auch*, sagt Lucian[2], *wie Menschen.*

II.

περιφανῶς ἀποδέδεικται δευτέρα τῶν
ὑπὸ τὸν ἥλιον.   Dio Chrysost.

Alexandreia, die berühmte Metropole *am Knotenpunkt der Welt*[3], verdankt bekanntlich der Anwesenheit Alexanders des Grossen in Aegypten ihr Dasein. Es war auf der Grenze der Jahre 332 und 331, als der grosse König hier an der Stelle des Fleckens Rhakotis, zwischen dem Meere und dem mareotischen See, den Grundstein zu seiner neuen Hauptstadt legte. Ein gewaltiger künstlicher Damm[4] musste die Insel Pharos mit dem Festlande verbinden. Als Baumeister stellte er Deinokrates an, denselben, der ihm einst den abenteuerlichen Vorschlag gemacht hatte, den Berg Athos in eine Bildsäule des Königs umzuwandeln[5]. Grundplan und Umfassungsmauer, von diesem entworfen, blieben durch das ganze Altertum bestehen[6]. Da nichts anderes zur Hand war, so wurde erzählt, nahm man Gerstengraupen, um nach der Anordnung des Königs den Mauerumkreis auf dem Boden zu bezeichnen. Das wurde von den Wahrsagern als ein gutes Omen für die Blüte der Stadt gedeutet[7].

---

[1] Pompej. Forsch. S. 487.
[2] Contempl. 23.
[3] ἐν συνδέσμῳ τινὶ τῆς ὅλης γῆς. Dio Chrys. 32 p. 670 Reiske.
[4] Es erging diesem, wie dem tyrischen: er ist ewig geworden.
[5] Die Geschichte steht Vitr. II Anf. Dürfen wir Pseudo-Kallisthenes (I, 31) glauben, so war Deinokrates aus Rhodos. Da Rhodos eine Musterstadt hippodamischer Anlage war, so könnte man alsdann Peiraieus—Rhodos—Alexandreia als Stammbaum der neuen Bauweise hinstellen.
[6] Ammian. Marcell. XXII, 16: *Alexandria ipsa non sensim ut aliae urbes, sed inter initia prima aucta per spatiosos ambitus.*
[7] So die einfachste Form bei Arrian III, 2. Die Erzählung findet sich, mit Modifikationen, überall wiederholt

Für die antike Stadt sind unter den alten Schriftstellern unsere besten Quellen Diodor und Strabo. Der erstere berichtet[1] betreffs der Form, der Typos der Stadt sei einer Chlamys ähnlich; sie habe eine Strasse, welche die Stadt ungefähr in der Mitte schneide und an Grösse und Schönheit bewundernswert sei : sie reiche von Thor zu Thor vierzig Stadien lang, ein Plethron breit, und sei mit Tempeln und andern Gebäuden reich geschmückt. Bedeutend ausführlicher ist Strabo[2], dem wir hier vor allem entnehmen, dass er die Längenausdehnung der Stadt nur auf dreissig Stadien angiebt, die Breitenausdehnung auf sieben bis acht; und dass er uns von zwei sehr breiten, mehr als eine Plethron sich ausdehnenden Strassen spricht, die sich im rechten Winkel schneiden[3].

Die moderne Stadt deckt sich nicht mit der alten. Das neue Stadtterrain wird von der Insel Pharos, dem durch das Meer allmählich zu einem breiten Isthmus vergrösserten Damm und nur einem Teil des alten gebildet. Ausserhalb der von den Arabern gezogenen neuen Umwallung übersieht man weithin das Trümmerfeld der antiken Stadt[4].

Nun haben wir von der letzteren einen genauen wissenschaftlich angefertigten Grundplan. Die Vermessungen und Nachgrabungen dazu wurden gemacht, bevor es den englischen Kanonen gefiel, in die blühende Stadt Verwüstung und Elend zu tragen ; und zwar von dem Hofastronomen des Khediv Ismaïl, dem in Paris gebildeten Araber Mahmûd Bey. Der Kaiser Napoleon nämlich, dem an der topographischen Untersuchung Alexandriens behufs Fortsetzung seines Lebens Cäsars viel gelegen war, hatte in den Zeiten seiner Allmacht dem Vicekönig einen Wink in dieser Richtung gegeben. Das Resultat war der mit anerkennenswerter Genauigkeit gearbeitete Plan, der handschriftlich nach Paris gesandt wurde. Mahmûd Bey begleitete ihn mit einer ausführlichen Denkschrift, die in französischer Sprache gedruckt worden ist[5]. Diese Publikation enthält aber auffallender Weise keine Karte, die doch zum Verständnis unbedingt notwendig wäre. Um die Resultate Mahmûd Beys in weitere Kreise zu bringen, hat nun Professor Kiepert, dem Text und Plan zu Gebote standen, in der Zeitschrift für Erdkunde[6] einen Auszug aus jenem Werke gegeben, mit Beigabe einer Litho-

---

[1] XVII, 52.

[2] XVII, 1, 6 f.

[3] § 8 : ἅπασα μὲν ὁδοῖς κατατέτμηται ἱππηλάτοις καὶ ἁρματηλάτοις, δυσὶ δὲ πλατυτάταις, ἐπὶ πλέον ἢ πλέθρον ἀναπεπταμέναις, αἳ δὴ δίχα καὶ πρὸς ὀρθὰς τέμνουσιν ἀλλήλας.

[4] Interessant ist es, darüber einen Mineralogen zu hören, der aus der Menge von Steinbrocken und Marmortrümmern die Geschichte der Stadt herausliest. F r a a s, Aus dem Orient, S. 174 : *Das erste volle Interesse des Fremden nimmt wohl der Schutt des alten Alexandriens in Anspruch, der bergehoch an der Küste aufgehäuft ist. Derselbe entstammt mitunter der ältesten Zeit der ägyptischen Reiche, nächstens der Geologie verfallen, und bildet wahre Altertumssammlungen von Bausteinen und Ornamenten, welche die Meereswelle dem Besucher zurichtete. Alle mineralogischen Herrlichkeiten des alten Ägyptens, die der grosse Alexander einst aus den Nilländern ebenso wie aus Griechenland und Asien zum Ruhme seiner Stadt herbeischaffen liess, liegen jetzt zertrümmert in den vierzig Fuss mächtigen Schuttbergen, an denen die Welle täglich leckt u. s. w.*

[5] Mémoire sur l'antique Alexandrie, ses faubourgs et environs etc. Copenhague (sic !) 1872.

[6] Im VII. Bande, Jahrgang 1872. Auch als besonderer Abdruck käuflich unter dem Titel : *Zur Topographie des alten Alexandria, nach Mahmûd Begs Entdeckungen bearbeitet von* H e i n r i c h K i e p e r t. Berlin 1872.

graphie, welche den Originalplan auf die lineäre Hälfte reduciert darstellt, aber mit Weglassung des auf jenem darübergelegten modernen Stadtplanes. Glücklicherweise gelang es mir, ausser dieser Publikation nach verschiedenen vergeblichen Bemühungen ein genaues Facsimile des Originalplanes zu erlangen [1]. Da sich nun auch das genannte seltene Mémoire auf der Strassburger Bibliothek vorfand, so gründen sich die nachfolgenden Ausführungen auf die Originalpublikationen.

Recht unsicher ist auf dem Plane die Ansetzung der alten Hauptgebäude. Gegen dieselbe haben darum sowohl K i e p e r t in dem genannten Aufsatz, wie der italienische Gelehrte L u m b r o s o [2] teilweise Einsprache erhoben. Das genau Fixierte ist dagegen das S t r a s s e n n e t z, von dem wir also auch hier ausgehen wollen.

In Verfolgung des metrologischen Gesichtpunktes, wie er im ersten Kapitel entwickelt wurde, eruieren wir das bei der Absteckung angewandte L ä n g e n m a s s.

Versuchen wir es mit der grossen ägyptischen Elle und dem dazu gehörigen ptolemäischen Fuss, so scheint die Rechnung auf den ersten Blick zu stimmen. Denn die Strassenbreiten zu 7 und 14 Meter zeigen sich als 20 und 40 ptolemäische Fuss. Bei den Abständen der Strassen zeigen sich jedoch überall inkommensurable Zahlen. Also ist an Anwendung jenes Masses nicht zu denken; ein Resultat, an welchem uns auch das ungefähre Uebereinstimmen der Umfangszahl — 15800 Meter ungefähr gleich 30000 Ellen oder 45000 ptolemäischen Fuss (= 15750 m) — nicht irre machen kann. Ebensowenig erhalten wir mit Zugrundelegen der kleinen ägyptischen Elle oder des attischen Masses irgendwie Plausibles.

Ganz anders stellt sich das Resultat, wenn wir mit dem a l t i t a l i s c h e n Fuss rechnen, den Dörpfeld schon als makedonischen mutmasste. Unschwer erkennt man aus den von Mahmûd Bey gegebenen Zahlen, dass hier k e i n a n d e r e s M a s s s y s t e m vorliegt a l s g e r a d e d i e s e s, und dass das Verhältnis 5 : 6 bei der Abmessung der Häuserviertel angewandt ist. Die Längsstrassen sind 1000, die Querstrassen 1200 Fuss von einander entfernt. Letzteres hat auch schon Mahmûd Bey richtig eingesehen, indem er sagt [3]: *il faut qu'il y ait un rapport entre cette distance constante* (der Querstrassen) *et la longueur de l'unité de mesure linéaire ou le stade dont les Grecs se servaient lorsqu'ils traçèrent les rues de leur ville d'Alexandrie .... je peux tenir comme certain que cette longueur de 330 mètres qui se trouve constante entre les douze rues principales que j'ai découvertes dans la ville, en*

---

[1] Derselbe war für den dritten Band des Napoleonischen *Clear* bestimmt und ist, da dieser nicht erschien, überhaupt nicht gestochen und nicht im Handel. Er existiert nur handschriftlich, und zwar im Original vermutlich noch in Paris, in einer Pause in der Kartenabteilung der Berliner kgl. Bibliothek. Eine andere Pause besitzt, wie ich auf buchhändlerischem Wege erfahre, die Verlagsbuchhandlung von Wagner und Debes; und nach derselben ist die verkleinerte Karte in Bädekers Reisehandbuch gestochen. Das mir vorliegende Facsimile, von Dr. Richard Kiepert für seinen Vater angefertigt, wurde mir von ersterem mit liebenswürdiger Zuvorkommenheit zugesandt.

[2] *Sulla descrizione Straboniana di Alessandria.* Annali dell' Instit. 1876.

[3] *Mémoire,* p. 34 f.

largeur, équivaut à deux stades; la valeur du stade sera, en conséquence, de 165 mètres. Doch hat er die Berechnung nur für die Querstrassen durchgeführt und begnügt sich alsdann zu sagen : *les distances qui séparent les rues longitudinales entre elles, se trouvent aussi en nombres entiers de pléthres et en parties aliquotes de pléthres assez exactes.* Für uns ergiebt sich gleich die Frage, welcher Wert des italischen Fusses für Alexandrien zutrifft, ob der von Nissen berechnete zu 0,275 m oder der Dörpfelds zu 0,278 m. Seltsamer Weise ergiebt sich nämlich, dass die Differenz der Querstrassen (330 m = 1200') genau mit der Nissenschen Ansetzung stimmt, die Differenz der Längsstrassen (278 m = 1000') ebenso genau mit der Dörpfeldschen. Nun ist es zwar sehr leicht zu glauben, dass bei der Anlage von Alexandrien ein Massstab angewandt wurde, der eine zufällige Abweichung um einige Millimeter von dem in Italien oder sonst angewandten zeigte. Dass aber bei der Absteckung der Längsstrassen ein anderer angewandt worden sei als bei der der Querstrassen, ist absurd und unmöglich anzunehmen. Es muss also eine von beiden Abstandszahlen ungenau sein.

Im einzelnen stellen sich die von Mahmûd Bey angegebenen Werte für Strassenbreite und Entfernung folgendermassen :

Breite der beiden Hauptstrassen zwischen den Bordschwellen der Fusswege . . M. B. : 14 m = 50' $\begin{cases} 13,75 \text{ nach Nissen.} \\ 13,90 \text{ nach Dörpfeld.} \end{cases}$

Gesamtbreite der Strassen — nach Strabo mehr als ein Plethron; jeder Säulengang etwa = 30' . . = 110'

Breite der andern Strassen . . M. B. : 7 m = 25' $\begin{cases} 6,875 \text{ N.} \\ 6,950 \text{ D.} \end{cases}$

Abstände der Längsstrassen . . . . 278 m = 1000' $\begin{cases} 275 \quad \text{N.} \\ 278 \quad \text{D.} \end{cases}$

Abstände der Querstrassen . . . . 330 m = 1200' $\begin{cases} 330 \quad \text{N.} \\ 333,6 \text{ D.} \end{cases}$

Aus diesen Zahlen lässt sich zur Entscheidung der Frage, ob Nissens oder Dörpfelds Ansetzung die richtigere ist, nichts abnehmen.

Um über derartige geringe Verschiedenheiten des Massstabes ins Reine zu kommen, wird man vielmehr stets gut thun, die grössten mit demselben gemessenen Entfernungen und somit die höchsten Zahlen zu Grunde zu legen. Die grösste Distanz, die bei Alexandrien vorkommt, ist die Längenausdehnung der Stadt oder der durch die ganze Stadt führenden Hauptstrasse. Sie ist von Mahmûd Bey gemessen als 5000 m.

Wir drücken nun die Entfernung auf Grund der Karte Mahmûd Beys in altem Masse aus. Ausser den auf dieser verzeichneten Querstrassen können wir auf der westlichen Seite noch eine, auf der östlichen zwei einlegen. Wir erhalten dann fünfzehn Hauptstrassen; die Zwischenstrassen zählen nicht mit. Das giebt vierzehn insulæ; dazu die Häuser zwischen der äussersten westlichen und östlichen einerseits und der Stadtmauer andererseits, zwei halbe insulæ. Also :

15 insulæ zu 1200'	. . . . . .	. 18000 Fuss.
1 Hauptstrasse	. . . .	110 »
16 Nebenstrassen (incl. 2 Wallstrassen) [1]		400 »
	Summa . . .	18510 »

Dieses giebt nach Nissen   5090,25 m.

nach Dörpfeld 5145,78 m.

Nun könnte man vielleicht an jenem Ansatz noch etwas abstreichen, nämlich die beiden Wallstrassen, oder einige Fuss von der Hauptstrasse; aber das genügt noch lange nicht, um die Differenz von 56 Meter auszugleichen. So ergiebt sich die Nissensche Ansetzung auch für Alexandrien als die richtige.

Wir prüfen auf Grund derselben die weiteren Angaben über die Breite.

Breite auf der Seite der Nekropolis = 1150 m.

Die Entfernung zwischen der zweiten und dritten südlichen Parallele rechnen wir als vermutlich inkommensurabel nicht um. Sie beträgt nach Mahmûd Bey 177 m; bleibt 973 m.

3 insulæ	3000 Fuss.
Hauptstrasse	110 »
3 Nebenstrassen	75 »
Stück nördlich von der Hauptstrasse bis zur Mauer am Meere ca.	350 »
	3535 »

Dies giebt 972,125 m.

Breite auf der Seite des Kanobischen Thores ungefähr = 1400 m.

Hiebei muss gerechnet sein bis zu dem Winkel, den die Stadtmauer am Meere macht.
Also :

4 insulæ	4000 Fuss.
Hauptstrasse	110 »
4 Nebenstrassen (incl. Wallstrasse) . .	100 »
Stück nördlich der letzten Parallele ca.	900 »
	5110 »

Dies giebt 1405,25 m.

---

[1] Dass die Architekten bei der Anlage die Strassenbreiten nicht auf die insulæ in Anschlag brachten, dass also diese ausser den Strassen, von Häuserecke zu Häuserecke gerechnet, 1000 und 1200 Fuss betrugen, lässt sich folgendermaassen beweisen:

Mahmûd Bey giebt als Distanz der beiden der Kanobischen Strasse am nächsten liegenden Längsstrassen von derselben 294 m an; die anderen Längsstrassen aber sollen nur 278 m Abstand haben. Das wäre ganz unbegreiflich, erklärt sich aber gut so, dass Mahmûd Bey etwas mitgerechnet hat, was die alten Architekten nicht mitrechneten, nämlich die Säulenhallen an der Hauptstrasse und die halbe Strassenbreite. So entsteht, da die anderen Strassen keine Säulenhallen und eine geringere Strassenbreite hatten, dieser Unterschied in der Distanz. Weiteres siehe S. 15 f.

Sodann würde auch, wenn alle Strassen in den insulæ schon einbegriffen wären, bei der Längenausdehnung eine zu geringe Zahl herauskommen, nämlich 18 000 Fuss = 4950 m N.

5004 m D.

Breite am Heptastadion ungefähr = 1560 m.

Abgezogen 177 m; bleiben 1383 m.

4 insulæ	4000	Fuss.
Hauptstrasse	110	»
5 Strassen (incl. Wallstrasse) . .	125	»
Stück nördlich der Hauptstrasse . . .	800	»
	5035	»

Dies giebt 1384,6 m.

Breite jenseit des Cap Lochias = 2250 m.

7 insulæ	7000	Fuss.
Hauptstrasse. ,	110	»
7 Nebenstrassen (incl. Wallstrasse) . .	175	»
Stück nördlich der nördlichsten Parallele	900	»
	8185	»

Dies giebt 2250,9 m [1].

Der Umfang von 15800 m giebt, im italischen Fussmasse ausgedrückt, keine runde Zahl. Das ist bei den vielen Unregelmässigkeiten und Winkeln der Ringmauer nicht wunderbar. [2]

Wie erklärt sich nun die abweichende Messung der Distanz der Längsstrassen zu 278 (resp. 294) Meter, statt 275? Ich möchte vermuten, dass die Abweichung durch eine Ungenauigkeit Mahmûd Beys entstanden ist, die darin besteht, dass er nicht konsequent die Strassenbreite bei der Berechnung in Abzug gebracht hat. Wie er nämlich die Entfernungen verstanden wissen will, ob von Strassenrand zu Strassenrand, mit Ausschliessung des Strassendammes, oder diesen inbegriffen, darüber drückt er sich nirgends bestimmt aus. Bei den Querstrassen hat er nun augenscheinlich den Strassendamm abgerechnet, denn die angegebenen 330 Meter stimmen genau. Bei Bestimmung der 278 Meter dagegen scheint er vom Rande der einen Strasse bis zur Mitte der andern gerechnet zu haben, wodurch er

---

[1] Strabo giebt für die Breite 7—8 Stadien an (= 4200 — 4800'), Steph. Byz. 6 Stadien. Philo (in Flacc. 11) schätzt die Entfernung von den Flusshäfen bis zur Hoplothek in den Königshäusern auf 10 Stadien (τὸ μεταξὺ τῶν λιμένων καὶ τῆς ἐν ταῖς βασιλείοις ὁπλοθήκης .... δέκα σταδίων που διάστημα σύμπαν ἔχον). Das erscheint als bedeutend zu wenig, τὰ βασίλεια ist aber ein sehr weiter Begriff, wie wir später (S. 19) sehen werden. Die Länge dagegen wird von Strabo zu 30 Stadien angegeben, zu klein um noch nicht ein Stadion. Steph. Byz. sagt 34 Stadien, was Mahmûd Bey gut so erklärt, dass er römische meine. Diodor mit 40 Stadien rechnet wohl die Nekropolis mit. Ueber die Angabe der Alexander-Romane siehe bei Antiochien S. 27.

[2] Die Angaben der Alten divergieren sehr. Curtius (IV, 33) giebt den Umfang mit 80 Stadien bedeutend zu klein. Die genaueste Angabe hat Steph. Byz., wenn seine 110 Stadien wirklich römische sind. (Zu den 15800 m sind noch einige Hundert Meter für den Damm des Timonion zu addieren.) Plinius bemisst den Umkreis zu 15 Milien, wobei mindestens die Nekropolis miteingerechnet ist (V, 10: *metatus est eam Dinochares architectus pluribus modis memorabili ingenio, XV p. laxitate inseam ad effigiem Macedonicæ chlamydis orbe gyrato laciniosam*.

3,5 m zuviel erhielt, 278 statt 275 — die Bruchteile eines Meters pflegt er auch sonst nicht anzugeben. Bei der Hauptlängsstrasse scheint von der Mitte derselben bis zur Mitte der ersten Parallele gemessen zu sein, was ergiebt :

Breite der insula	275	Meter.
Halbe Breite der Hauptstrasse .	7	»
Halbe Breite der Nebenstrasse . .	3,5	»
Säulenhalle (= 30′)	8,25	»
	293,75	»

Sehen wir uns jetzt noch die eingelegten Z w i s c h e n s t r a s s e n an, so finden wir unter den Längsstrassen im Süden eine Abweichung von der Regelmässigkeit. Die dritte südliche Parallele ist von der zweiten nur 177 m entfernt. Es erscheint sehr fraglich, ob hierin eine kommensurable Grösse verborgen ist [1]. Vielleicht liegt die Sache vielmehr so. Der Architekt bemerkte, dass bei fortgeführter Regelmässigkeit die vierte Parallele südwärts auf die beträchtliche Anhöhe treffen würde, auf der jetzt die sogenannte Pompejus-Säule, besser Diokletians-Säule genannt, sich erhebt. Um dieses zu verhindern [2], gab er das Messen von der Hauptstrasse auf und steckte zwei Strassen in einer von der S t a d t - m a u e r, nämlich der Mitte ihrer Südseite, bemessenen Entfernung von ebenfalls 1000 Fuss ab.

Ueber die Zwischenstrassen unter den Querstrassen erhalten wir folgende Angaben [3]. Die erste befindet sich zwischen der Hauptstrasse und der ersten westlichen, mit einer Entfernung von 110 m von letzterer. Das ist ¹/₄ der sonstigen Distanz, oder 400 Fuss. In derselben Entfernung sind zwei Strassen auf beiden Seiten der Querstrasse angelegt, die über die Diokletians-Säule führt. Eine weitere läuft zwischen der zweiten und dritten westlichen, von letzterer abstehend 151 m oder 550 Fuss [4]. Endlich findet sich eine zwischen der vierten und fünften westlichen, mit einem Abstand von 96 m oder 350 Fuss von der letzteren [5].

Wenden wir uns noch einmal zu den H a u p t s t r a s s e n. Sowohl Längs- wie Querstrasse hatten in ihrem unbedeckten Teil die mässige Breite von 50 Fuss, aber ausserdem Säulenhallen zu beiden Seiten, die zusammen breiter waren als der Fahrdamm. Sie waren, wie die übrigen Strassen, gepflastert, aber erst seit römischer Zeit [6]. Beide hatten eine unter-

---

[1] Vielleicht 650′ = 178,75 m ?

[2] Eine Querstrasse geht allerdings gerade über die Anhöhe.

[3] Mahmûd Bey S. 22 f.

[4] Bei Mahmûd Bey soll sie nach S. 23 einen Abstand von 51 m, nach S. 26 aber von 161 m haben. Beide Zahlen sind falsch und beruhen auf reinem Versehen. Denn die Distanz wird an der letzten Stelle auf 5 ¹/₂ Plethren berechnet. Es muss also heissen 151 m. Damit stimmt auch die Ansetzung auf dem Stadtplan.

[5] Kiepert nicht ganz genau (zur Topographie etc. p. 9): *Die mit dieser Hauptstrasse parallel laufenden Querstrassen von 7 m Breite folgen sich in regelmässigen Abständen von 330 m, jedoch m i t e i n z e l n e n E i n s c h a l t u n g e n a u f ¹/₂ u n d ¹/₃ dieses Abstandes.*

[6] Mahmûd Bey S. 27.

irdische Wasserleitung[1]. Die Querstrasse hatte jedoch vor der Längsstrasse voraus, dass sie aus zwei, je 0,5 m breiten Fahrdämmen bestand, von denen der östliche gepflastert, der westliche chaussiert war; zwischen beiden befand sich ein Baumgang, welcher sehr zur Zierde der Anlage beigetragen haben muss[2]. Die Querstrasse führte zum königlichen Palast, was überhaupt bei den hellenistischen Städteanlagen beliebt gewesen zu sein scheint[3]. Dieselbe hat deutlich Achilles Tatios im Sinne, wenn er eine Säulenstrasse beschreibt, die von dem Sonnenthor (am Kanal) nach dem Mondthor (am Cap Lochias) führe. Die Namen sind authentisch, denn wie Lumbroso[4] nachweist, werden sie mehrfach von dem Chronisten Malalas und in Heiligenlegenden citiert. Die Querstrasse führte den Namen Dromos[5], was wir durch das moderne Corso wiedergeben können. Wie es scheint, war auch, vielleicht volkstümlich, die Bezeichnung Pedion dafür üblich[6]. Dromos scheint überhaupt Gattungsname für sämtliche Querstrassen gewesen zu sein, so dass die Säulenstrasse par excellence so hiess[7].

Achilles Tatios redet auch von dem Kreuzungspunkt beider Strassen, der als Kardinal- und Mittelpunkt der ganzen Stadt nähere Beleuchtung verdient. Nach dem, was ich in meinem Aufsatz über Hippodamos darlegte, möchte man von vornherein geneigt sein, hier die Agora anzusetzen. Und in der That bin ich der Meinung, dass in dem Stadtplane, der nach Alexanders Angabe entworfen wurde, daselbst der Markt lag, dass aber späterhin der Platz bebaut, und in der Mitte der imposante Prachtbau des Tetrapylon errichtet wurde.

---

[1] Der Aquädukt der Längsstrasse wurde am Schnittpunkt von dem der Querstrasse gespeist (M. B. S. 30). Er ist wesentlich Ursache gewesen, weshalb die Längsstrasse bis auf den heutigen Tag bestehen blieb (M. B. S. 20). Ueber die Wasserleitungen Alexandriens, die vom Kanal ausgehend die ganze Stadt in weit verzweigtem Netze durchzogen und noch durchziehen, ist eine Hauptstelle Hirtius, bell. Alex. 5 f.: *Alexandria est fere tota suffossa specusque habet a Nilo pertinentes, quibus aqua in privatas domus inducitur, etc.*

[2] Noch jetzt erkennbar an einem 1 m breiten Humusstreifen.

[3] Vgl. die Stadt des Seleukos Kallinikos in Antiochien, S. 24 von Kloeden, Erdkunde über Gerasa: *Ueberraschend ist eine lange grade Strasse, zu beiden Seiten mit korinthischen Säulen eingefasst. . . . Am Ende eines gegen die grade Strasse rechtwinklig laufenden Säulenganges öffnet sich ein weiter Ruinenraum, wo wohl ein Palast stand.*

[4] A. a. O. S. 13 f.

[5] Malalas ed. Oxon. II, 367: Ἀντωνῖνος Πίος (aio) . . . ἔκτισεν ἐν Ἀλεξανδρείᾳ τῇ μεγάλῃ . . . . τὴν Ἡλιακὴν πύλην καὶ τὴν Σεληνιακὴν καὶ τὸν δρόμον. Vita des Apoll. Dyak. (Steph. thes. s. v. Προύχειον): ᾤκει ἐν τῷ Προυχείῳ περὶ τὸν δρόμον.

[6] Ich folgere dies aus der eben berührten wichtigen Stelle des Achilles Tatios (V, 1): ἀπιόντι δέ μοι κατὰ τὰς Ἡλίου καλουμένας πύλας, συνηντᾶτο εὐθὺς τῆς πόλεως ἀστράπτον τὸ κάλλος, καί μου τοὺς ὀφθαλμοὺς ἐνέπλησεν ἡδονῆς. Στάθμη μὲν κιόνων ὀρθὸς ἑκατέρωθεν ἐκ τῶν Ἡλίου πυλῶν εἰς τὰς Σελήνης πύλας· εὗται γὰρ τῆς πόλεως εἰ πυλωροί. ἐν μέσῳ δὲ τῶν κιόνων τῆς πόλεως τὸ πεδίον. Ὁδὸς δὲ διὰ τοῦ πεδίου πολλὴ καὶ ἔνδημος ἀποδημία. Ὀλίγους δὲ τῆς πόλεως σταδίους προελθὼν ἦλθον εἰς τὸν ἐπώνυμον Ἀλεξάνδρου τόπον. Εἶδον δὲ ἐντεῦθεν ἄλλην πόλιν καὶ σχιζόμενον ταύτῃ τὸ κάλλος. Ὅσος γὰρ κιόνων ὄρχατος εἰς τὴν εὐθυωρίαν, τοσοῦτος ἕτερος εἰς τὰ ἐγκάρσια. Vgl. das μέσον πεδίον bei Pseudo-Kallisthenes, S. 19.

[7] Es gab nämlich einen δρόμος τοῦ μεγάλου θεοῦ Σεράπιδος, s. S. 18.

18

Die Alten lassen uns nämlich über die Lage des Marktes im Unklaren; nur aus Plinius [1] lässt sich entnehmen, dass er nicht in der Nähe der Schiffswerften, also wohl überhaupt nicht am Hafen lag. Lumbroso [2] will ihn zwar genauer fixieren, und zwar nicht an der von uns gewählten Stelle [3], sondern auf der Linie des Emporion und der Apostaseis. Aber er stützt sich dabei auf den schlimmen Gewährsmann Pseudo-Kallisthenes, der gleich nach dem unterirdischen Aquädukt der Rhakotis den nenne, welcher das Forum kreuze. Darf man aber überhaupt auf die Angaben dieses Autors, der Alexander nach Italien kommen und von den Römern als König anerkennen lässt, Wert legen, so zeigt sich bei näherer Besichtigung durchaus, dass dessen Worte für unsere Ansetzung sprechen [4].

Für die Agora in der Stadtmitte ist aber besonders das Zeugnis des Arrian von Gewicht, welcher in erster Linie sagt, Alexander habe angegeben, wo man den Markt anlegen solle [5].

---

[1] N. H. XXXVI cap. 9 heisst es von einem Obelisken im Arsinoeion: *inde cum navalibus incommodum Maximus quidam praefectus Aegypti transtulit in forum.*

[2] À. a. O. S. 12.

[3] Mahmûd Bey will das Gymnasion in die Mitte setzen, aber nicht an den Mittelpunkt selbst, wie in Nikaia — was wegen des Ausdruckes des Strabo (ἡ ἐπὶ τὸ μῆκος πλατεία διατείνει παρὰ τὸ γυμνάσιον) nicht möglich wäre — sondern neben den Kreuzungspunkt. Kiepert dagegen beruft sich mit Recht auf denselben Strabo (XVII, 1, 10), der es, von Westen nach Osten schreitend, vor dem Paneion erwähnt. Also lag es an der Stelle, wo Mahmûd Bey das Museion und Soma fixieren will. Doch muss hierzu noch folgendes bemerkt werden. Wenn man die Worte Strabos über das Dikasterion, wie es geschehen ist, so versteht, dass Dikasterion und Haine in der Mitte der Stadt lagen, so erhalten wir nun doch wieder eine sprungförmige Darstellung: vom Gymnasion zum Kreuzungspunkt und wieder zurück zum Paneion, dessen Lage ja feststeht. Vielmehr haben wir uns Gerichtslokal und Haine in der Mitte des Gymnasions zu denken, was zwar auffällig, aber bei überstadiongrossen Hallen wohl möglich ist. Ich lese alsdann mit folgender Interpunktion: συλλήφθην δ'εἰκαὶν ἡ πόλις μεστή ἐστιν ἀναθημάτων καὶ ἱερῶν. κάλλιστον δὲ τὸ γυμνάσιον, μείζους ἡ σταδιαίας ἔχον τὰς στοάς, ἐν μέσῳ δὲ τό τε δικαστήριον καὶ τὰ ἄλση. ἔστι δὲ καὶ Πάνειον κτέ. Die Handschriften haben στοάς ἐν μέσῳ · τὸ δὲ δικαστήριον, wie auch Penzel übersetzt.

[4] Die entsetzlich korrupten Worte im cod. A heissen nämlich nach C. Müllers Ausgabe (I, 31): αἱ δὲ ις' κῶμαι (welche an der Stelle von Alexandrien gestanden haben sollen) εἶχον ποταμοὺς ιβ', ἐξερευγομένους εἰς τὴν θάλατταν· καὶ μέχρι νῦν αἱ διεκδρομαὶ πεπραγμέναι εἰσὶν· ἐχώσθησαν εἰ ποταμοί· καὶ αἱ τῆς πόλεως καὶ αἱ πλατεῖαι ἐγενήθησαν. Δὺο δὲ μόνοι διέμενον, οἱ καὶ ἐπέρωσιν εἰς τὴν θάλασσαν· ἐπιλέγεται· Ῥακῶτις τις ποταμός, ὃ νῦν δρόμος τοῦ μεγάλου θεοῦ Σαράπιδος τυγχάνει· εἶτα διερρύασει τοῦ Ἀγορίου. Hat das überhaupt einen Sinn, so bedeutet es dies: der Verfasser kennt noch zwei Wasseradern als zu seiner Zeit bestehend, die eine entlang der Sarapisstrasse, die andere über die ἀγορά laufend. Bei Mahmûd Bey und Kiepert finden sich nun drei durch die Stadt führende Wasserleitungen angegeben: die eine kallisthenische ist unzweifelhaft die, welche um die Diokletians-Säule und dann entlang der Querstrasse, die also δρόμος Σαράπιδος hiess, läuft. Von den beiden andern konnte der Verfasser eher die zweite, die in unregelmässigem Laufe sich durch die Stadt zieht, als die dritte übergehen, welche entlang der Hauptquerstrasse geführt ist. Meint er aber letztere, so geht sein ποταμός in der That über die Agora nach unserer Ansetzung. — Ich bemerke weiter, dass mir Mahmûd Beys Ansetzung des Sarapeions an der Stelle der Diokletians-Säule doch nicht so unmöglich erscheint, als Kiepert und Lumbroso. Beide nehmen eben an dieser Anstoss, da das Sarapeion erst unter Theodosios untergegangen sei. Aber konnte das Denkmal nicht auf einem offenen Platze innerhalb des gewaltigen Heiligtums — man beachte das weite durch die noch erhaltene Ringmauern umschlossene Terrain — errichtet worden sein, bevor dieses zerstört wurde? Obelisken standen (nach Pseudo-Kallisthenes I, 33) ἐν τῷ Σαραπείῳ (ἔξω τοῦ περιβόλου τοῦ νῦν κτιμένου).

[5] III, 1: αὐτὸς τὰ σημεῖα τῇ πόλει ἔθηκεν, ἵνα τε ἀγορὰν ἐν αὐτῇ δείμασθαι ἔδει καὶ ἱερὰ ὅσα καὶ θεῶν ὥντινων.

Dann kennt auch Achilles Tatios zwar nicht mehr den Namen Agora, wohl über *Alexander-platz* für den Kreuzungspunkt. Auch hat man früher, vor Mahmûd Beys Ausgrabungen, anstandslos einen Platz in dem Kreuzungspunkte angesetzt[1]. Diese ältere Ansicht wird für die ersten Jahrhunderte der Stadt aufrecht zu halten sein. Das Tetrapylon nämlich, einen gewaltigen Bau, der sich nach allen vier Strassen öffnete, hat C. Wachsmuth[2] erst für das fünfte nachchristliche Jahrhundert nachgewiesen, Lumbroso, alsdann für die erste Hälfte des vierten, will es aber nicht viel früher setzen[3].

Wenn die Alexander-Romane[4] berichten, vom *Meson Pedion* aus sei die Anlage der Stadt begonnen worden, so ist gewiss auch der Kreuzungspunkt gemeint. Haben wir früher richtig Pedion als Namen der Hauptquerstrasse erklärt, so kommen wir mit der Mitte dieser Strasse in der That auf den Kreuzungspunkt. Die Aenderung in Mesomphalion, die Otfried Müller[5] vorschlug, erscheint deshalb als unnötig. Der Punkt halbiert die Quer-strasse — mit Abrechnung der Lochias — genau; was gewiss kein Zufall ist. Ein bestimmtes Schnittverhältnis der Längsstrasse (etwa 3 : 5?) will sich jedoch nicht zeigen.

Der dreieckige Stadtteil, der vom grossen Hafen und den beiden Hauptstrassen umgrenzt war, umfasste die eigentliche Prachtstadt, die herrlichsten Gebäude. Ich vermute, dass dieser ganze Stadtteil den Namen τὰ βασίλεια, die Königsstadt, führte. Denn nicht nur be-zeichnet Strabo sowohl das Museion wie das Sema ausdrücklich als einen Teil der Basileia, sondern Philo[6] redet auch von einer Hoplothek in den Basileia, welche, wenn nicht die zehn Stadien weite Entfernung von den Flusshäfen gar zu ungenau geschätzt ist, nicht weit vom Kreuzungspunkt gelegen haben kann. Wenn Strabo die Basileia den *vierten oder auch dritten Teil* des ganzen Stadtumfangs nennt, so ist das auch noch bei unserer weitgehenden Annahme übertrieben, wäre aber bei einer irgendwie engen Fassung des Begriffes ganz unverständlich. Plinius[7] sagt, dass schon bei der Anlage der *fünfte Teil* des Stadtplanes zur Königsburg bestimmt wurde. Vielleicht deckt sich der Ausdruck Basileia ganz mit dem späteren Bruchion oder Prucheion.

Soweit Metrologie und Topographie. Im folgenden soll jetzt noch die Nissensche Theorie auf Alexandreia angewandt, also untersucht werden, ob die Stadt mit Beziehung auf den Stand der Sonne am Gründungstage angelegt worden ist.

---

[1] So auf dem Kiepertschen Kärtchen im Atlas antiquus von 1869; vermutlich nach ältern Vorbildern.

[2] Rhein. Mus. 1873 S. 584.

[3] S. 16 . . . . *poichè niffatti edifici sono riconosciuti di epoca assai tarda, e la voce stessa non si presenta negli autori o nelle iscrizioni, prima del quarto secolo.*

[4] Pseudokall. cod. A, 1, 32: ἤρξαντο δὲ οἰκοδομεῖν τὴν Ἀλεξάνδρειαν ἀπὸ μέσου πεδίου, καὶ ἔσχε ὁ τόπος τὴν προσωνυμίαν ἄχρι νῦν διὰ τὸ ἀπ' ἐκεῖθεν ἄρξασθαι τὴν τῆς πόλεως οἰκοδομήν.

[5] Comment. Antioch. S. 261, nach dem korrupten *Mesonpodio* des Julius Valerius.

[6] in Flacc. 11.

[7] N. H. V, 10 : *iam tum quinta situs parte regiae dicata.*

Die Richtung der Strassen ist von Mahmûd Bey ganz genau angegeben worden. Die Längsstrassen erstrecken sich von Ostnordost nach Westsüdwest mit einer Abweichung von 24° 15′ von der Linie Ostwest. Falls also Alexandrien nach dem Aufgangspunkt der Sonne orientiert wäre[1], könnte es nur im Sommer, das heisst zwischen Frühlings- und Herbstäquinoktium gegründet sein. Das ist aber nach der historischen Ueberlieferung, wie später näher zu zeigen ist, ganz unmöglich. Letztere weist uns vielmehr mit Entschiedenheit auf den Winter 332/1.

Es wäre noch die Orientierung nach Sonnenuntergang zu berücksichtigen. Diese ist zwar, wie Nissen[2] gezeigt hat, von den italischen Gromatikern durchaus bezeugt, und an verschiedenen italischen Tempeln nachgewiesen, wäre aber für griechischen Boden sehr auffallend, da die griechischen Tempel allgemein (mit der erwähnten einzigen Ausnahme) nach Osten gewandt sind.

Trotzdem habe ich auf Grund der Tieleschen Tafeln berechnet, an welchen Tagen in jenen Jahren die Sonne mit dieser Abweichung untergegangen ist.

Als gegeben betrachte ich:

Die Breite von Alexandrien   =   31° 13′ [3]

Das Untergangsazimuth der Sonne   =   65° 45′

Also Aufgangsazimuth   =   294° 15′

Das Jahr der Beobachtung   = ca. 330 v. Chr.

Die Tielesche Tafel III ist für die Breite von 40° berechnet. Für die Differenz von — 8° 47′ finde ich ein Minus von 197′. Das Azimuth für Alexandrien von 294° 15′ entspricht also dem Azimuth von 297° 32′ für die Breite von 40°.

Ich erhalte für diesen Wert als die beiden gesuchten Tage den 20. November und den 20. Januar. Doch ist hier die Genauigkeit nur scheinbar. Ich habe nämlich von der Kolumne für Veränderung der geographischen Breite einen sehr weitgehenden Gebrauch gemacht, während Tiele ausdrücklich bemerkt hat, dass die Veränderung streng nur auf mässige Werte angewandt werden dürfe. Bei 5° kann der Fehler bereits 20′ betragen, also bei der hier in Betracht kommenden Differenz ± 35′, was noch ein Schwanken von zwei bis drei Tagen auf- und abwärts ergiebt.

---

[1] Hier muss die merkwürdige Erzählung des Kirchenhistorikers Ruffin (II, 23) über den Tempel des Sarapis erwähnt werden, der allerdings Relation zur Sonne hatte, und den ja Alexander selbst gegründet haben soll (Pseudokall. I, 31; aber auch Malalas ed. Oxon. I, S. 244). Nissen hat auf sie hingewiesen in einem Aufsatz *über Tempelorientierung* (Rhein. Mus. Bd. 28). Ein kleines Fenster war nach Osten so angebracht, dass zur bestimmten Zeit, wenn die Bildsäule des Helios in den Tempel gebracht wurde, ein Sonnenstrahl durch das Fenster auf Gesicht und Lippen der Sarapisstatue fiel, so dass für die Gläubigen der Sonnengott den Sarapis zu begrüssen schien.

[2] Templum S. 173, 174, 180.

[3] Ich entnehme die Zahl Mädlers *Geschichte der Himmelskunde* (S. 58), wo die Breite angegeben ist = 31° 12′ 53″.

Kann nun Alexandrien an einem dieser beiden Daten angelegt sein? Die Frage wäre leicht entschieden, wenn wir der Angabe des Pseudo-Kallisthcues trauen dürften, Alexandrien sei am 25. T y b i erbaut worden [1], weshalb noch zu seiner Zeit die Alexandriner diesen Tag festlich begingen. Die Chronologie der Aegypter ist nämlich mit voller Sicherheit zu reducieren. Nach der Idelerschen Methode [2] erhalten wir den 1. Thoth des Jahres 417 der Nabonassarischen Aera gleich dem 318. Tage des Jahres 4382 der julianischen Periode, oder gleich dem 14. November 332 nach julianischem Kalender. Der 25. Tybi fällt demnach auf den 7. A p r i l 331. Doch haben wir Grund genug, einer so unlautern Quelle zu misstrauen [3], nicht sowohl inbetreff des Festes der Alexandriner, welches sehr wohl auf diesen Tag gefallen sein mag, sondern in der Deutung des Festtages als Gründungstag.

Aus zuverlässigen Quellen erhalten wir vielmehr folgenden chronologischen Gang der Ereignisse.

Das letzte einigermassen sichere Datum ist die Einnahme von Tyros am 20. August 332. Arrian berichtet nämlich, dass dieselbe im Monat Hekatombaion stattfand [4]. Damit kombiniert man die Angabe des Plutarch [5], wonach die Stadt am letzten Tage des Monats erobert wurde. Nach Idelers Tabellen des Metonschen Cyklus [6] findet man für das Jahr 332 den Anfang des Hekatombaion am 22. Juli, Länge des Monats 30 Tage, also letzter Hekatombaion am 20. August. Dieses Datum kann einen Fehler von einigen Tagen enthalten, weil man nicht weiss, ob der makedonische und der attische Monat sich genau deckten, und ob nicht schon der kallippische Kanon anzuwenden ist [7]. Für unsere Berechnung wäre dies irrelevant.

Von Tyros zieht Alexander nach Gaza, das er zwei Monate belagert [8]. Am siebenten Tage [9] gelangt er von hier aus nach Pelusion. Alsdann marschiert er über Heliopolis nach Memphis. Hier opfert er und veranstaltet einen Agon, der doch einige Zeit in Anspruch nehmen musste. Endlich reist er den Nil herab und gründet Alexandreia. Später [10] unternimmt er den Marsch nach dem Ammonion, kehrt nach Memphis zurück, ordnet hier die

---

[1] So cod. A (I, 32); die Handschriften BC haben dafür ἰννουπρίου πρώτη, wohl nach fehlerhafter Umrechnung.

[2] *Handbuch der mathematischen und technischen Chronologie* I, S. 112 f.

[3] Da das Datum jenseit des Frühlingspunktes fällt, möchte man fragen, ob vielleicht dieser Tag für den A u f g a n g s p u n k t der Sonne stimme. Aber die Abweichung von 34 ½ ° führt, wie leicht einzusehen ist, durchaus nicht in den April, sondern in spätere Jahreszeit.

[4] Anab. II, 24.

[5] Alex. cap. 25.

[6] A. a. O. I, S. 383, 396.

[7] Vgl. Droysen, *Geschichte Alexanders d. Gr.* I. S. 294.

[8] Nach Diod. XVII, 48. Joseph. Ant. XI, 8. Während dieser Zeit fanden nach C u r t i u s (IV, 22) die isthmischen Spiele statt. Das stimmt sehr wohl, da sie in diesem Jahre, als einem ersten Olympiadenjahre, in den Sommer fallen mussten.

[9] Arr. Anab. III, 1.

[10] Die Angabe des Curtius (IV, 33), Alexander habe erst *ab Hammone rediens* die Stadt gegründet, kann gegen Arrian nicht in Betracht kommen.

ägyptischen Verwaltungsangelegenheiten und bricht mit **Anbruch des Frühlings** auf nach Phönicien[1].

Die Thatsachen bis zur Gründung würden wir chronologisch sehr zusammenschieben müssen, wenn wir diese schon auf den 29. November setzten. Nach Droysen[2] langt das Heer vielmehr Ende September vor Gaza an; die Stadt wird mit dem Ausgange November genommen; Anfang Dezember bricht Alexander nach Aegypten auf[3].

Das erste ausgerechnete Datum ergiebt sich also als schwerlich richtig. Um so besser passt das zweite. Wenn Alexander am 20. Januar 331 Alexandrien gründete, konnte er sehr wohl im Februar nach dem Ammonion ziehn und dann nach dem Aufenthalt in Memphis mit Beginn des Frühlings nach Phönicien aufbrechen.

Nichtsdestoweniger glaube ich nicht, dass die Strassenlinien Alexandriens in der mehrfach erwähnten Weise auf die Sonne bezogen sind; bin vielmehr der Meinung, dass die Abweichung von der genauen Ostwestlinie einen **praktisch-hygieinischen Grund** hat. Es wird die Rücksicht auf die **Winde**, vornehmlich den lästigen Nordwind[4] sein, welche die Architekten bewog, die Strassenzüge nicht genau nach den Himmelsrichtungen zu orientieren.

Schon die Einstimmigkeit der alten Schriftsteller, womit sie gerade die *gute Luft* Alexandriens rühmen[5], und das ausdrückliche Zeugnis Diodors, dass bei der Anlage die Winde berücksichtigt wurden[6], können zu dieser Ansicht bestimmen.

Fast zur Gewissheit aber wird sie, wenn wir die Stelle Vitruvs einsehen, wo er angiebt, wie man bei Absteckung der Strassen die Himmelsrichtungen in Betracht ziehen müsse. Er geht von der Bestimmung der Mittagslinie aus und schneidet dann von derselben aus auf dem Kreise der Windrose $^1/_{16}$ der ganzen Kreislinie rechts und links ab; so erhält er das Gebiet des Südwindes, und analog das der andern sieben Winde. Dann solle man nach den Ecken zwischen den Gebieten zweier Winde Strassen und Gassen richten[7].

---

[1] Arr. Anab. III, 6: ἅμα τῷ ἦρι ὑπεφαίνοντι ἐκ Μέμφιος ᾖει ἐπὶ Φοινίκης.

[2] Gesch. Al. I, S. 301, 304.

[3] Dass das erste Regierungsjahr Alexanders nach dem Kanon der Nabonassarischen Aera schon mit dem 14. November 332 beginnt, ist durchaus kein Beweis dafür, dass Alexander damals schon in Aegypten war, sondern vielmehr dafür, dass er **nicht vorher da** war. Denn in dieser Aera wird immer der 1. Thoth desjenigen Jahres, welches dem Regierungsantritt eines Regenten **vorausgeht**, als der erste Tag seines ersten Regierungsjahres gerechnet. Vgl. Ideler, a. a. O., S. 117 f.

[4] Noch jetzt wird für die Stadt der Nordwind als vorherrschend angegeben.

[5] Strabo XVII, 1, 7: καὶ τὸ εὔαερον ἄξιον σημειώσεως ἐστιν .... τότε δὲ καὶ αἱ ἐτησίαι πνέουσιν ἐκ τῶν βορείων. Amm. Marc. XXII, 16: *inibi aurœ salubriter spirantes, aer tranquillus et clemens.* Pseudokall. I, 33: ἀέρος εὐκρασίαις ὑπερβάλλουσα.

[6] XVII, 52: (Ἀλέξανδρος) τῇ δ᾽εὐτυχίᾳ τῆς ῥυμοτομίας ποιήσας διεπνεῖσθαι τὴν πόλιν τοῖς ἐτησίοις ἀνέμοις, καὶ τούτων πνεόντων μὲν διὰ τοῦ μεγίστου πελάγους, καταψυχόντων δὲ τὸν κατὰ τὴν πόλιν ἀέρα, πολλὴν τοῖς κατοικοῦσιν εὐκρασίαν καὶ ὑγίειαν κατεσκεύασε.

[7] de Archit I, 6, 6 f.: *per angulos inter duas ventorum regiones et platearum et angiportorum videntur debere dirigi descriptiones. his enim rationibus et ea divisione exclusa erit ex habitationibus et vicis ventorum vis molesta. cum enim plateœ contra directos ventos erunt conformatœ, ex aperto cœli spatio impetus ac flatus frequens conclusus in faucibus angiportorum vehementioribus viribus pervagabitur. quas ob res convertendœ sunt ab regionibus ventorum directiones vicorum, uti advenientes ad angulos insularum frangantur repulsique dissipentur.*

Nach seinem Verfahren würden wir $\frac{1}{4}$ eines rechten Winkels, also $22\frac{1}{2}°$ Abweichung erhalten; dass sie in Alexandrien in Wirklichkeit $1\frac{3}{4}°$ mehr beträgt, wird wohl niemand urgieren wollen.

III.

σκοπείτω δέ τις, ὥσπερ ἐν μουσικῇ, τὴν πόλιν εἰ διά πάντων ἥρμοσται.   Libanios.

A n t i o c h e i a bei Daphne, die glänzende Hauptstadt Syriens am linken Ufer des Orontes, die *schöne* oder *grosse* zubenannt[1], wurde in überaus glücklicher Lage von S e l e u k o s N i k a t o r im Frühling des Jahres 300 angelegt, ist also ein Menschenalter jünger als die ägyptische Metropole.

Nach der Gründung der Felsenfeste Seleukeia in Pierien begiebt sich Seleukos nach der Stadt des Antigonos, Antigoneia. Hier befragt er durch Opfer den Willen des Zeus, ob diese Stadt umgenannt oder eine neue gegründet werden solle. Es ereignete sich ein Wunderzeichen[2]. Ein Adler entführt das Opferfleisch und trägt es nach dem Altar des Zeus Bottiaios, oder nach anderer Version nach dem nahegelegenen S i l p i o n b e r g e, um es dort zu verzehren. Damit bekundet Zeus seinen Willen, dass hier eine neue Stadt erstehen solle. Getreu dem Winke erbaut Seleukos daselbst, zwischen Berg und Fluss, keine volle Tagereise vom Meere entfernt[3], die neue Hauptstadt; sein Baumeister hiess Xenaios; den Namen gab er ihr wahrscheinlich nach seinem Vater[4]. Auch hier erscheint eine ähnliche Sage wie bei Alexandrien: der Gründer habe die Strassen der Stadt mit Weizen auf dem Boden bezeichnet[5].

Zur genauen topographischen Bestimmung dieser Stadt, die noch jetzt, obwohl auf eine Einwohnerzahl von 18000 Seelen zusammengeschrumpft, den alten Namen bewahrt, fehlt vornehmlich die moderne Lokaluntersuchung. Wir sind wesentlich auf die allerdings recht reichhaltigen Nachrichten der Alten angewiesen, weshalb wir auch nirgend zu solchen Ergebnissen im Detail gelangen können, wie es bei Alexandrien möglich war. Von alten Autoren sind es vorzugsweise folgende, die in Betracht kommen. S t r a b o berichtet über die Stadt, allein lange nicht so ausgiebig wie über Alexandrien. L i b a n i o s, ein geborener Antiochener, giebt uns in der zum Lobe seiner Vaterstadt ausgearbeiteten Rede eine ausführ-

---

[1] Athenaios (I, 20 b) stellt zusammen Ἀλεξανδρέων μὲν τὴν χρυσῆν (πόλιν), Ἀντιοχέων δὲ τὴν καλὴν, Νικομηδέων δὲ τὴν περικαλλῆ.

[2] Liban. S. 299 Reiske; Malalas ed. Oxon. I, S. 254.

[3] Liban. S. 285: οὔτε γάρ ἡμέρας ὁδὸν θαλάττης ἀπέχομεν. S. 286: σάδιοι γάρ τὸ μέσον εἴκοσι καί ἑκατόν. Vgl. dazu Strab. XVI, 2, 7.

[4] Malalas (S. 260) spricht sich energisch gegen diese Annahme aus: kein Mensch nenne eine neugegründete Stadt nach dem Namen eines Toten; vielmehr habe Antiochien seine Benennung nach dem S o h n e des Seleukos erhalten.

[5] Liban. S. 300: στοῶν δὲ καὶ στενωπῶν μῆκός τε καὶ εὖρος τεμνόμενος πυροῖς ἐχρῆτο πρὸς τὴν τομήν, ὡς ἄγουσι νῆες εἰστήκεσαν ἐν τῷ ποταμῷ.

liche und klare Schilderung, wie dieselbe zu seiner Zeit aussah. Endlich können wir dem Chronisten Malalas eine Reihe von schätzbaren Einzelheiten entnehmen. Diese alten Quellen sind schon in der besten Weise zusammengetragen und verwertet in zwei ausführlichen lateinischen Abhandlungen Karl Otfried Müllers[1], die darum die Grundlage für jede Topographie Antiochiens bilden müssen.

Was zunächst die Grundform der Stadt anlangt, so wird die Einheitlichkeit der Anlage, die man von vornherein annehmen möchte, sehr in Frage gestellt durch die Schilderung Strabos[2]. Letzterer nennt Antiochien eine Tetrapolis, die aus vier Teilen bestehe. Sowohl die ganze Stadt wie jede einzelne der vier Gründungen habe eine besondere Ringmauer. Der erste Teil sei von Nikator angelegt, der andere von *der Menge der Einwohner* selbst, der dritte von Seleukos Kallinikos, der vierte endlich von Antiochos Epiphanes.

Ueber die Lage der dritten Stadt, die Kallinikos, oder nach Libanios sein Sohn Antiochos der Grosse, vermutlich also beide gebaut hatten, wissen wir nun Genaues aus der eingehenden Beschreibung des genannten Rhetors[3]. Sie lag auf einer jetzt verschwundenen Orontesinsel, war kreisförmig und zeichnete sich durch einen einfachen Grundplan aus. Von einem Tetrapylon[4] in der Mitte führten vier mit Säulengängen versehene Strassen nach den vier Himmelsrichtungen[5]; die kürzeste lief nach der Königsburg (τὰ βασίλεια), welche den vierten Teil der Stadt einnahm — alles im Wesentlichen wie in Alexandrien. Fünf Brücken verbanden die Insel mit den übrigen Teilen der Stadt, *wie ein Füllen mit der Mutter.*

Auch die drei anderen Gründungen sollen nun nach Strabo ganz getrennte, durch besondere Ringmauern von einander geschiedene Städte gewesen sein. Wie stimmt das aber mit der Schilderung des Libanios? Dieser kennt durchaus nur zwei verschiedene Stadtanlagen in Antiochien : die eben geschilderte, welche er dem grossen Antiochos zuschreibt und den *neueren Stadtteil*, die *Neustadt*[6], nennt, und die Altstadt, welche ihren Ursprung dem ersten Seleukos verdankt. Die erstere ist ein Beispiel für eine kreisförmige, die andere für eine langgestreckte Anlage[7]. In dieser geht eine lange Strasse gradegeführt von

---

[1] *De antiquitatibus Antiochenis*, in den Commentat. societ. Gotting VIII. S 206 f.

[2] XVI, 2, 4.

[3] S. 340.

[4] Dies ist gewiss erst später errichtet. Vgl. über das Tetrapylon in Alexandrien S. 19. Libanios beschreibt den Bau, braucht aber das W o r t nicht.

[5] ἐξ ὄψεων τεττάρων ἀλλήλαις συντρμμρομένων εἰς τετράγωνον τόπον ὥσπερ ἐξ ὀμφαλοῦ τέτταρες πτωῶν συζυγίαι καθ᾽ ἕκαστον τμῆμα τοῦ οὐρανοῦ τέτανται.

[6] S. 308 : τὴν νεωτέραν τῆς πόλεως μοῖραν. S. 312 : τὸ νεώτερον μέρος. S. 399 : τὴν νέαν πόλιν. Dieselbe Unterscheidung der καινή und παλαιά πόλις macht auch der Kirchenschriftsteller Euagrios (Müller S. 305).

[7] S. 341. Hier will Libanios Antiochien deswegen nicht geringer geschtet wissen, weil es nicht μίξ βίας sei. Das liege an der Grösse. Eine Stadt, die sich rühme, τετραχύθην ἰσ᾽, (also nach strengem kyklischem Prinzip) gebaut zu sein, rühme sich damit ihrer Kleinheit.

Ost nach West, mit Säulenhallen zu beiden Seiten[1]. Der unbedeckte gepflasterte Fahrweg ist so breit wie eine Halle. Ihr langer Lauf wird weder von Schluchten noch von steilen Stellen unterbrochen. Von den Säulenhallen nehmen Gassen ihren Anfang, die teils nach Norden durch die Ebene, teils nach Süden zum Fusse des Berges reichen. Die erstern laufen, wie Kanäle zwischen zwei Strömen, auf eine andere unbedeckte Strasse aus, die beiderseits bebaut ist (also ohne Säulenhallen). Dann folgen Gärten bis zum Orontes. In der Mitte der genannten Hallenstrasse ist ein Vierthor[2], von welchem andere Säulenhallen nach Norden[3] bis zum Flusse führen; auch von letzteren gehen Gassen aus[4].

Wir brauchen jetzt nur den von Müller entworfenen Grundplan anzusehen, um die Schwierigkeiten zu bemerken, die durch die Vierstadt Strabos, nach Müllers Art verstanden, erwachsen. Wenn die lange Hauptstrasse, wie Müller annimmt[5], in der Epiphaneia, dem Stadtteil des Antiochos Epiphanes, lag: wie erhalten wir Platz für die Gründung Nikators, die doch schon die Bevölkerung der Stadt Antigoneia, welche einen Umfang von 70 Stadien hatte[6], und von Jone aufgenommen haben soll[7]? Müller, der wohl berücksichtigt, dass er Nikators Stadt nicht zu klein ansetzen darf, lässt sie deshalb bis über die Querstrasse hinüber reichen. Aber wo soll dann die Mauer sich befunden haben, welche jene von den übrigen Teilen abschloss? Die Ansetzung der zweiten, von den Einwohnern gegründeten Stadt hat Müller ganz unterlassen. Unmöglich kann doch auch, wenn die Hauptlängsstrasse mit den Säulengängen erst unter Epiphanes gebaut wurde, Libanios diesen Teil als die *alte*, die von Kallinikos oder Antiochos dem Grossen gegründete Inselstadt als die *neue* Stadt bezeichnen.

Eine weitere Schwierigkeit entsteht durch den Stadtmittelpunkt. Ein aus Stein ausgehauener Omphalos stand nach Müller[8] in der Mitte der Epiphanes-Stadt, ungefähr in der Gegend des Parmeniosbaches. Er galt als Wahrzeichen der Stadt, denn auf vielen Münzen derselben ist Apollo auf dem Omphalos sitzend dargestellt. Aber dasselbe Bild erscheint schon auf den Münzen des Antiochos Soter. Müller rettet sich durch Annahme einer Verlegung des Omphalos: schon in der Stadt des Nikator habe ein solcher existiert, bis bei der Vergrösserung durch Epiphanes derselbe an dem Kreuzungspunkt der neuen Säulenhallen fixiert wurde.

Das kann nicht richtig sein. Der einmal gewählte, religiös geheiligte Mittelpunkt der

---

[1] So auch Dio Chrysost. or. 47; II, S. 229 Reiske.

[2] ἀγυιὰς πανταχόθεν τετραμμένα: μίαν ὀρορὴν ἐχουσαι λίθου.

[3] Da Libanios zweimal (S. 339, 342) nur von Säulenhallen *nach Norden* spricht, so scheint die Verlängerung dieser Strasse nach Süden, über den Kreuzungspunkt hinaus, ohne diesen Schmuck gewesen zu sein.

[4] S. 345. Libanios erwähnt auch noch drei verschiedene Vorstädte, die ausserhalb der Thore lagen. S. 348.

[5] Nach einer später zu besprechenden Stelle des Malalas, S. 300.

[6] Nach Diodor (XX, 47), der übrigens die Bevölkerung nach Seleukeia überführen lässt.

[7] Strabo XVI, 2, 4. Liban. S. 301. Malal. S. 256.

[8] S. 261 f.

Stadt ist unverrückbar. Um aus den dargelegten Verwickelungen herauszukommen, müssen wir vielmehr zunächst festhalten, dass der durch den Omphalos als Stadtcentrum bezeichnete Punkt den ältesten Teil der Stadt bedeutete, die Stelle, von wo die Vermessung begonnen hatte.

Dann ergiebt sich weiter, dass auch die Hauptstrassen des Libanios schon der alten Anlage Nikators entstammen[1]. Dieselben werden in den neuen Stadtteilen, jenseit der alten Ringmauern, einfach weitergeführt worden sein, ohne dass eine abgesonderte Anlage mit neuem Mittelpunkte erfolgte. Dazu passt recht gut die Darstellung des Malalas, Epiphanes habe das Buleuterion und andere Gebäude *ausserhalb der Stadt* gegründet und diese Teile die Epiphania genannt, was gar nicht so klingt, als habe nun letztere erst den eigentlichen Grundplan für Antiochien angegeben[2]. Wenn derselbe weiter berichtet, Epiphanes habe seine neuen Anlagen *nicht* mit einer Mauer umgeben, so kann das sehr wohl wahr sein. Die Ringmauer der Epiphanes-Stadt, sowie der oben an zweiter Stelle genannten, sind dann zu ungewisser Zeit gezogen. So konnte man zu Strabos Zeit wohl vier verschiedene ummauerte Teile, aber nicht vier verschiedene Plananlagen sehen. Im Laufe der Jahrhunderte sind alsdann die Ringmauern der einzelnen Stadtteile gefallen, sodass zur Zeit des Libanios die Stadt das einheitliche Bild bot, welches er uns schildert[3].

Vielleicht werden wir an diesem Stadtmittelpunkt für Nikators Zeit auch die A g o r a anzusetzen haben, von der Libanios allerdings nichts mehr weiss. Denn zu seiner Zeit[4]

---

[1] Libanios spricht schon bei der ersten Anlage (S. 300) ausdrücklich von πλαὶ καὶ στενωποί, also den grossen Säulenstrassen.

[2] S. 262: ἔκτισε δὲ καὶ ἄλλα τινὰ ἔξω τῆς πόλεως, καλέσας τὰ αὐτὰ μέρη, εἰς τὸ ἐπώνυμον αὐτοῦ Ἐπιφανίαν πόλιν, μὴ κτίσας αὐτῇ τεῖχος, ἀλλ' οὕτως ἦν ἡ οἴκησις αὐτῆς ἐπὶ τὸ ὄρος.

[3] Allerdings müssen wir uns hier noch mit einer wunderlichen Stelle des Malalas auseinandersetzen. Der Kaiser T i b e r i u s , sagt er (S. 300), gründete in Antiochien zwei grosse Säulenhallen (ἐμβόλους) ausserhalb der Stadt, an dem sogenannten Silpischen Berge, mit einem Abstande von vier Milien (sic); ferner bei jeder (Quer-) Strasse Tetrapyla mit Bögen · auch schmückte er die Strasse mit Erzwerk und Bildsäulen. Er fügte dann durch eine Mauer den neuen Stadtteil zur alten Enceinte, die unter Seleukos gebaut war, indem er durch dieselbe Mauer auch die Akropolis und Jopolis abschloss. *In der Mitte der Säulenhallen auf der Strasse* wird ihm dann eine Ehrensäule errichtet. *Dieser Platz* heisst der *Omphalos* der Stadt.

Zunächst ist klar, dass Malalas mit den ἔμβολοι die berühmte Längsstrasse meint; denn an anderer Stelle (S. 360) sagt er kurz, der Kaiser Trajan habe nach dem Erdbeben τοὺς δύο ἐμβόλους τοὺς μεγάλους wieder aufgebaut. Gewiss schreibt er aber dem Tiberius viel zu viel zu: die Ummauerung und Anfügung an die alte Ringmauer des Seleukos muss durchaus vor Strabo fallen. Wie Müller (S. 258) annimmt, verwechselt Malalas hier den Tiberius mit Antiochos Epiphanes. Der Bau der Säulenhallen mag nun mit Recht dem Kaiser beigelegt sein oder nicht: jedenfalls will Malalas von einer Neuanlage a u s s e r h a l b d e r N i k a t o r - S t a d t sprechen, und dann ist es sehr auffallend, dass er sagt, der Omphalos läge in der Mitte der von T i b e r i u s gebauten Säulenhallen. Dies hat Müller zu der Annahme der Verlegung des Omphalos geführt. Wie oben gesagt, mit Unrecht. Will man dem Chronisten nicht etwa noch mehr Confusion zutrauen, als er nachweislich schon begangen hat, so ist immer noch folgende Erklärung möglich. Der Neugründer, von dem Malalas hier redet, verlängerte die alte Längsstrasse des Seleukos mit den Hallen n a c h b e i d e n S e i t e n , östlich und westlich, über die seleukische R i n g m a u e r hinaus. Dann lag allerdings auch der alte seleukische Omphalos in der Mitte der neuen Säulenhallen. Der *Abstand* von vier Milien bedeutet dann die grösste Entfernung der östlichen Verlängerung von der westlichen. also die Länge der ganzen Stadt.

[4] S. 357.

hiess nicht ein Teil der Stadt Markt, noch musste man, um zu kaufen, auf einen Ort zusammenkommen, sondern allerorts konnte man das Notwendige haben, und keine Strasse war so vernachlässigt, dass sie nicht käufliche Waren geboten hätte; es gab also Viktualienläden wie in unsern Städten. Das Tetrapylon, das diesen Punkt zierte, ist gewiss wie in Alexandrien erst in spätere Zeit zu versetzen. Einige andere Gebäude hat Müller nach den Angaben des Malalas ungefähr fixiert. Ueber ihn hinauszugehen, wird kaum möglich sein, bevor Lokaluntersuchungen den Boden vertrauter gemacht haben.

Fragen wir lieber nach jenen beiden Gesichtspunkten, dem metrologischen und astronomischen. Ueber den ersteren ist allerdings wenig zu erfahren. Bei dem Mangel aller modernen Aufnahmen lässt sich über die Breite der Strassen und ihre Entfernung von einander nichts ausmachen. Man könnte versucht sein, aus den Zahlenangaben die Anwendung des makedonischen Masses folgern zu wollen. Die Hauptstrasse hätte nämlich nach Dio Chrysostomos[1] eine Länge von 36 Stadien, nach Malalas von vier römischen Milien. Das giebt bei Zugrundelegen des makedonischen Stadions von 165 m eine gute Uebereinstimmung. Da aber die vier Milien eine abgerundete Zahl sein können, mit Weglassung der Bruchteile, so darf man auf dieses Zusammentreffen keinen grossen Wert legen.

Die Angabe über die Längenausdehnung Antiochiens, die wir zusammen mit der von Alexandrien in den Handschriften der Alexander-Romane[2] finden, ist für die antike Stadt ganz unbrauchbar. Alexandrien soll nur eine Ausdehnung von 12 Stadien 395 Fuss haben (16 Stadien 375 Fuss nach Julius Valerius), Antiochien gar nur 8 Stadien 72 Fuss. Wenn die Zahlen irgend etwas bedeuten, können sie nur auf ganz späte (arabische) Zeit gehn. In der That stimmt nach Ausweis des Planes die grössere von den beiden Angaben über Alexandrien fast genau mit der Ausdehnung der arabischen Stadt, an der grossen Längsstrasse gemessen, wenn wir das grösste Fussmass, das vermutet werden kann, das ptolemäische, zu Grunde legen und also 9975 Fuss = 3481 m setzen.

Bedeutend besser steht es mit dem andern Punkt. Hier lässt sich mit einer gewissen Wahrscheinlichkeit der Kalendertag der Gründung Antiochens eruieren.

Die Berechnung stützt sich auf die chronologischen Angaben des Malalas. Derselbe berichtet[3], das oben erwähnte Opfer mit dem Vogelzeichen sei erfolgt am 1. Artemisios, die Gründung aber erst am 22. desselben Monates[4]. Nun findet sich auf den antiochenischen

---

[1] Or. 47; II. S. 229 Reiske. Die Zahlenangaben der Geographen wahrscheinlich, aber der Redner ganz gewiss, beruhen nicht auf eigenen Nachmessungen; sie bedienen sich also des in jeder Stadt geltenden oder in Geltung gewesenen Masses. Folglich sind auch die Stadien des Dio Chrysostomos als ortsübliche anzusehen.

[2] Pseudokall. ed. C. Müller, I, 31 Schluss.

[3] I, S. 254.

[4] Müller (S. 231) sagt irrtümlich am 24. Artem. — Malal. S. 255: μηνὶ ἀρτεμισίῳ τῷ καὶ μαΐῳ κβ΄, ὥρᾳ ἡμερινῇ ᾱ, τοῦ ἡλίου ἀνατέλλοντος. Seit Seleukos Nikator waren in Syrien die makedonischen Monate eingeführt (Malal. S. 257). Die nach makedonischem Kalender gemachten Angaben des Malalas sind also nicht umgerechnet, sondern ohne Zweifel direkt aus den Stadtchroniken gezogen.

Münzen der Adler in Verbindung mit einem W i d d e r , der durch einen beigefügten Stern als Himmelszeichen kenntlich gemacht ist. Daraus schliesst Müller durchaus richtig, Antiochien sei gegründet worden, als die Sonne im Bilde des Widders stand. Er lässt dies aber vom 1. Artemisios gelten, als dem Tage des Omens, den er als den 3. April berechnet.

Was hat aber die Beobachtung des Vogelflugs mit der Sonne zu thun? Viel wahrscheinlicher ist es, dass der Stand der Sonne am Gründungstage selbst berücksichtigt wurde. Wenn nun Malalas ausdrücklich angiebt, die Gründung sei erfolgt *am 22. Artemisios in der ersten Tagesstunde, als die Sonne aufging*, so deutet auch dieser Ausdruck auf eine Beziehung der Gründung auf die Sonne. Welches julianische Datum entspricht aber dem 22. Artemisios? Dieses zu bestimmen, ist keine einfache Aufgabe, da wir über die Art des makedonischen Schaltcyklus keine Angabe haben[1]. Doch wissen wir, dass die makedonischen Monate Mondmonate waren, sodass sie mit den attischen bis auf kleine Abweichungen in der Beobachtung der Mondphasen übereinstimmen mussten. Wir berechnen also die attischen Monate für Frühling 300 nach dem von Kallippos verbesserten Metonischen Cyklus. Nach Ideler[2] ergiebt sich :

ol. 119,4	1. Hekatombaion	∞	8. Juni	301 v. Chr.	
= 30. Jahr der ersten	1. Elaphebolion	=	28. Februar		
Kallippischen Periode	1. Munychion	=	30. März[3]	300 v. Chr.	
	1. Thargelion	=	28. April		

Hiebei ist stets der A b e n d des julianischen Tages als Anfang des griechischen zu betrachten.

Da nun im Todesjahr Alexanders des Grossen der Daisios dem Thargelion gleichkommt, so hat Müller auch angenommen, dass in diesem Jahre der Artemisios dem Munychion entspräche, und hat so, während er zugleich die Kallippische Verbesserung nicht in Anschlag bringt, mit vollkommen korrekter Rechnung das obige Datum (3. April) herausbekommen. Doch ist folgendes zu erwägen.

Wenn der Artemisios in diesem Jahre in der That dem Munychion entsprach, so war die Sonne am 22. dieses Monates, also am 20/21. April, zwar noch an der Grenze des Zeichens des Widders, aber nicht mehr im S t e r n b i l d , sondern stand in den Plejaden[4]. Dann wäre es auffallend, dass der Widder als das Himmelsgestirn gegolten hätte, das der Gründung Antiochiens geleuchtet habe.

---

[1] Auf die von Malalas vorgenommene Umrechnung, der den Artemisios dem Mai gleich setzt, wird niemand etwas geben wollen. Später wurden ja die makedonischen Monatsnamen in Syrien für die Monate des Sonnenjahrs angewandt.

[2] Handbuch I, S. 388, 391.

[3] Das julianische Jahr 300 v. Chr. ist k e i n Schaltjahr.

[4] Das *Zeichen* ist der zwölfte Teil der Ekliptik. Sternbilder und Zeichen sind jetzt vollkommen verschoben, so dass das Sternbild der Fische im Zeichen des Widders steht. Damals war die Uebereinstimmung besser: nach der von Müller (S. 230) mitgeteilten Berechnung hatte der Stern γ arietis, der dem Frühlingspunkt am nächsten ist, im Jahre 300 eine Länge von 1° 12'.

Entsprach er aber dem Elaphebolion, so erhalten wir, dass Antiochien gegründet wurde am 22. März morgens. Damit gelangen wir in die Zeit des Frühlingsäquinoktiums. Dieses fiel allerdings einige Tage später. Nach den Tieleschen Tabellen war die Länge der Sonne = 0:

im Jahre — 600 . . . . den 27. März 1 Uhr Nachm. Berliner Z.

»   »   0' . . . . den 22. » 8 » »   »   »

also ums Jahr — 300 . . . . den 26. März morgens nach der Zeit von Antiochien.

Aber auch diese Differenz hebt sich bei näherer Besichtigung. Schon oben ist gesagt, dass die Uebereinstimmung der makedonischen Monate mit den attischen nur ungefähr zutreffen konnte. Der griechische Monat fängt insgemein an mit dem Abend, an welchem man die Mondsichel nach dem Neumond zuerst wieder erkennt. Das kann ein bis zwei Tage nach dem wirklichen Neumond sein, auch noch länger. Von dieser volkstümlichen Art, den Monat anzufangen, ging aber Kallippos ab, indem er die wahre Konjunktion des Mondes zu Grunde legte[*]. Für den makedonischen Kalender haben wir jedoch keinen Grund, ein Gleiches anzunehmen. Einer der von Ideler[*] genau berechneten makedonischen Monate beginnt vielmehr drei Tage nach dem wirklichen Neumond. Gewiss müssen wir also zu den oben berechneten Kallippischen Monatsanfängen ein paar Tage hinzurechnen, um die makedonischen herauszubekommen. Ein weiteres Plus von einem Tage ergiebt sich, wenn die Kallippische Tabelle bei Mommsen[*] richtiger sein sollte als bei Ideler. Nach jenem fällt der Anfang des Jahres ol. 119,4 auf den 7. Juli, einen Monat später als bei Ideler. Dies wird dadurch wieder ausgeglichen, dass bei Mommsen das Jahr kein Schaltjahr ist, also der zweite Poseideon wegfällt. Es ergiebt sich alsdann 1. Elaphebolion = 1. März.

Sehr leicht könnte also der 22. Artemisios in der That auf den 24. Elaphebolion und damit auf den 24/25. März gefallen sein.

Es bleibt also wahrscheinlich, dass die feierliche Vermessung von Antiochien zur Zeit des Frühlingsäquinoktiums stattfand. Diesen Tag hat dann Seleukos absichtlich als signifikant abgewartet; und es begreift sich so, weshalb er nach dem am 1. Artemisios stattgehabten Opfer noch 21 Tage bis zur Grundsteinlegung verstreichen liess.

Wenn jetzt auch die Vermessung der Strassen mit Relation zum Stande der Sonne erfolgte, so muss wenigstens der von Seleukos Nikator selbst angelegte Stadtteil eine genau ostwestliche Strassenrichtung aufweisen[*]. Hier sollten topographische Untersuchungen

---

[1] Die Astronomen nennen 0 unser Jahr 1 v. Chr.

[2] So die Annahme sowohl von Ideler (Handb. I, S. 346) wie A. Mommsen (*Beitr. zur griech. Zeitrechn.* S. 32).

[3] Handb. I, S. 398; vgl. S. 396.

[4] A. a. O. S. 66 f.

[5] Für den 21. April (wenn der Artemisios dem Munychion gleichkäme) würden sich schon 14—15° Abweichung nach Nordost und Südwest ergeben. — Libanios (S. 345 f.) schildert den Zephyr als den Wohlthäter der Stadt, der überall Zutritt fände: hieraus folgt allerdings noch nichts über die genaue Ostwestrichtung.

eingreifen. Da die in römischer Kaiserzeit gepflasterte Hauptstrasse, wie ausdrücklich berichtet wird, ohne Nachgrabungen noch jetzt kenntlich ist, das jetzige Anteaki aber nur einen kleinen Teil des alten Grundplans bedeckt, so würden dieselben verhältnismässig wenig Schwierigkeiten machen.

Einen Catalogue raisonné der wichtigsten übrigen Gründungen der hellenistischen Zeit, welcher das vierte Kapitel dieses Aufsatzes bilden sollte, behalte ich lieber im Pulte, da er wesentlich nur aus einzelnen Notizen besteht, die aus Lexiken und geographischen Werken zusammengetragen sind. Was sich über die Form der etwa sechzig Städte, die Droysen auf Alexander, und der Hunderte, die er auf seine Nachfolger zurückführt, auf Grund des jetzt vorliegenden Materials sagen lässt, ist sehr geringfügig. So ist das letzte Resultat dieser Untersuchung, dass dieselbe kaum begonnen ist.

Zum Plane: Durch die Freundlichkeit Herrn Professor Kieperts bin ich in den Stand gesetzt, eine Karte des alten Alexandreia beifügen zu können. Dieselbe ist von Herrn Universitätszeichner Witt-maack genau nach der auf S. 12 erwähnten handschriftlichen Kopie des Planes Mahmûd Beys mit halber linearer Verkleinerung gezeichnet. Weggeblieben ist alles auf die moderne Stadt Bezügliche, mit Ausnahme des jetzigen Meeresufers und der arabischen Ringmauer. Die Namengebung ist neu und absichtlich sparsam; die angenommenen Benennungen wird man als sicher ansehen können. — Die kleine hinzugefügte Skizze soll ein Bild des Kreuzungspunktes geben.

Schulnachrichten.

I. Chronik.

Am Schlusse des Schuljahrs 1881/82 wurden am 31. Juli, 1. und 2. August Nachmittags die Klassenprüfungen in Gegenwart von Vertretern der Regierung, des Curatoriums und der Eltern abgehalten. An die Prüfungen schloss sich wie gewöhnlich ein Schauturnen an.

Der Schlussakt fand am Sonnabend, 5. August, in der Turnhalle statt, im Beisein der Herren Ministerialrath von der Goltz und Inspektor Ungerer als Vertreter des Direktoriums und der Herren Prof. Reuss, Prof. Cunitz und Prof. Heitz als Vertreter des St-Thomaskapitels. Eingeleitet wurde derselbe durch Absingen eines Chorals von Bellermann und eines Chors aus dem «Messias». Im Namen der abgehenden Primaner sprach der Abiturient Pauli über das Thema: «Per aspera ad astra!» Ihm erwiderte im Namen der Bleibenden der Primaner Schneegans in Terzinen über die Wehmuth des Scheidens von den liebgewordenen Räumen der alten Musenstätte. Der bisherige Conrektor, jetzige Oberschulrath Herr Dr. Albrecht richtete hierauf an die abgehenden Schüler über die Zwecke und Methode des Studiums beherzigenswerthe Worte, worauf zum Schluss die Versetzungsresultate mitgetheilt wurden.

Das neue Schuljahr begann am Montag, den 18. September, um 2 Uhr Nachmittags, nachdem am Morgen desselben Tages von 9 Uhr ab die Aufnahmeprüfungen stattgefunden hatten.

Neu aufgenommen wurden bei Beginn des Schuljahrs 138 Schüler, im Laufe desselben 16 Schüler.

Am Schluss des Schuljahrs 1881/82 verliessen die Anstalt 88 Schüler, im Laufe des Schuljahrs 1882/83 58 Schüler, so dass ein bleibender Zuwachs von 8 Schülern zu verzeichnen war, bei einer Gesammtzahl von 722 Schülern. Von der Aufnahme mussten wegen unzureichender Zeugnisse von früher besuchten Anstalten 22 Schüler zurückgewiesen werden.

Am 18. März 1883 starb nach längerem Leiden an einer Hirnentzündung ein uns lieber Schüler der VI*, Emil Tichauer, Sohn des Herrn Marcus Tichauer, Kaufmann zu Strassburg. Im übrigen war der Gesundheitszustand in unserer Anstalt auch dieses Jahr ein sehr befriedigender.

Für die körperliche Pflege der Kinder wurde im Sinne der Mittheilungen des vorjährigen Programms fortgewirkt.

Am 18. Oktober hielt Herr Dr. Stilling, Privatdocent für Augenheilkunde an der Kaiser-Wilhelms-Universität, einen Vortrag an das versammelte Lehrercollegium über die Frage der Kurzsichtigkeit in der Schule und begann dann sofort eine eingehende Augenuntersuchung der Schüler. Ueber deren Ergebniss verspricht Herr Dr. Stilling Mittheilungen für das nächste Programm. Unterdessen hatte er die Güte, uns das folgende Gesammtresultat zukommen zu lassen.

Von nennenswerther Kurzsichtigkeit sind von $\frac{1}{12}$ an durchschnittlich nur 4 % Schüler vorhanden; wenn von $\frac{1}{30}$ an gezählt wird, also von mittlerer und sehr geringer Kurzsichtigkeit, etwa 8 %; im Ganzen ein günstiges Resultat. Es stellte sich weiter heraus, dass die Kurzsichtigkeit nicht regelmässig zunimmt von den unteren Klassen nach oben; die Curve steigt vielmehr unregelmässig, so dass sie in den obersten Klassen wieder abfällt.

Wir sprechen dem gelehrten Forscher für seine gewissenhafte und interessante Arbeit im Namen der Schule und des Curatoriums unseren warmen Dank aus.

Fest angestellt wurden am Gymnasium im Laufe des Schuljahrs Herr Friedrich Wilhelm Hoffmeister als Lehrer für Elementarfächer, und als wissenschaftliche Lehrer die Herren Dr. Langenbeck seit dem 1. Oktober 1880, Dr. Enthoven seit dem 10. April 1881, Dr. Erdmann und Schnakenberg seit dem 1. Oktober 1881 am Protestantischen Gymnasium thätig.

Am 1. April hat Herr Prof. Dr. Jul. Euting unsere Anstalt verlassen, um eine auf die Dauer von zwei Jahren berechnete epigraphische Reise in den Orient zu unternehmen. In entgegenkommendster Weise erklärte sich Herr Prof. Dr. Nowack bereit, an seiner Stelle den Unterricht im Hebräischen zu übernehmen.

Während der Weggang von Prof. Dr. Euting hoffentlich nur ein vorübergehender sein wird, so steht dagegen das definitive Ausscheiden des bisherigen Oberlehrers Herrn Ledermann aus dem Lehrercollegium unmittelbar bevor. Seinem Wunsche entsprechend vom vergangenen 1. April an beurlaubt, wird derselbe am künftigen 1. Oktober, nach einer vierzigjährigen Thätigkeit theils am Gymnasium selbst, theils vorwiegend an den früher mit demselben verbundenen Realklassen, in den wohlverdienten Ruhestand eintreten.

Verlassen hat uns ebenfalls zu Ostern ein weit jüngerer College, Herr Dr. theol. Jundt, um einem Rufe als maître de conférences an die protestantisch theologische Fakultät in Paris zu folgen.

Zu der eben angegebenen Zeit ist alsdann die bereits im vorjährigen Programm in Aussicht gestellte Veränderung definitiv geworden, durch die Ernennung des bisherigen Oberlehrers und Conrektors Herrn Dr. Paul Albrecht, zum Oberschulrath in der Verwaltung in Elsass-Lothringen. Es wird uns erlaubt sein, dem jetzt zu leitender Stellung berufenen Manne hier nochmals unsern tiefgefühlten Dank für die von ihm während einer zehnjährigen Wirksamkeit am Protestantischen Gymnasium entwickelte organisatorische Thätigkeit auszusprechen. Nicht minder danken wir demselben auf das verbindlichste für die von ihm bei Gelegenheit seines Abgangs geschenkte Büste S. M. des Kaisers, deren Aufstellung in der eben hergerichteten kleinen Aula unseres Gymnasiums erfolgt ist.

Die in dieser Weise vakant gewordene Stelle eines Conrektors ist Herrn Prof. Dr. Ziegler übertragen worden.

Dr. Karl Reinhard Ludwig Theobald Ziegler, geb. zu Göppingen (Württemberg) den 9. Februar 1846, besuchte die Lateinschule in Herrenberg, das Gymnasium in Stuttgart und nach glücklich bestandenem Landexamen das theol. philolog. Seminar zu Schönthal. Von 1864—1868 studirte er als Angehöriger des Stifts zu Tübingen zuerst Philosophie und Theologie, dann nach bestandenem theologischen Kandidaten-Examen im Herbst 1868, bei seinem zweiten Aufenthalt in Tübingen als Repetent am dortigen Stift, Philologie. Von Winterthur aus, wo er von 1871—1876 Lehrer am oberen Gymnasium war, machte er in Stuttgart das philologische Professoratsexamen, kehrte dann als Professor des Gymnasiums zu Baden-Baden 1876 nach Deutschland zurück und ist seit Herbst 1882 als Oberlehrer und Conrektor, bis April 1883 provisorisch, seither definitiv am protestantischen Gymnasium zu Strassburg angestellt. Die Doktorwürde erlangte er von der philosophischen Fakultät der Universität Tübingen. Neben einer grösseren Anzahl von Rezensionen, Aufsätzen, Vorträgen, Broschüren und Programmabhandlungen philosophischen, pädagogischen, litterargeschichtlichen und politischen Inhalts veröffentlichte er ein Lehrbuch der Logik (in 2ter Auflage erschienen), Studien und Studienköpfe aus der neueren und neuesten Litteraturgeschichte und den ersten Band einer Geschichte der Ethik : Die Ethik der Griechen und Römer.

Neu traten in das Collegium ein : der Probekandidat Herr Dr. Plœn, und von Ostern ab die provisorisch angestellten Lehramtskandidaten Herrn Roth und Duchmann.

Im Laufe des Monats November und am 20. Januar unterzog der commissarische Oberschulrath Herr Dr. Albrecht die Anstalt einer theilweisen Revision.

Herr Prof. Dr. Heitz, Vertreter des Curatoriums, besuchte ebenfalls zu verschiedenen Zeiten die einzelnen Classen.

Der Ertrag einer unter den Schülern, den Lehrern und dem Verwaltungspersonal des Protestantischen Gymnasiums veranstalteten Collekte nach den grossen durch die Ueberschwemmungen am Ende des Jahres 1882 angerichteten Schäden wurde zu gleichen Hälften unter die Unglücklichen von Strassburg und Umgegend und unter diejenigen der Rheinpfalz vertheilt.

Am 17. März fand zugleich mit dem Semesterschluss die Geburtstagsfeier Sr. Maj. des Kaisers statt. Es wohnten derselben der comm. Oberschulrath Herr Dr. Albrecht und die Herren Prof. Dr. Cunitz und Prof. Dr. Heitz bei. Die durch einen Gesang der Schüler eingeleitete Festrede hielt Herr Oberlehrer Dr. Bünger «über den Einfluss der französischen Réfugiés auf die Entwicklung Preussens». Die Feier wurde mit einer Motette von Grell, welche von den sämmtlichen Schülern des Chors gesungen wurde, geschlossen.

Am Donnerstag den 12. April fand eine musikalische Aufführung der Schüler des Protestantischen Gymnasiums statt. Es wurden vor einem zahlreichen Publikum von Eltern und Freunden der Anstalt ausser kleineren Stücken von Grell, M. Haydn, Schütz, Bellermann und Schumann, eine Reihe von Chören aus dem Messias von Händel vorgetragen.

Am 11. Juli 1883 beehrte Herr Dr. Maul, Direktor der Grossherz. Turnlehrerbildungsanstalt in Karlsruhe, unsere Anstalt mit einem Besuche.

Am 17. Juli schenkte der Oberlehrer Herr Dr. Reuss der Anstalt das Bild seines Urgrossvaters, Magister Brunner, des in gutem Andenken gebliebenen früheren Lehrers der französischen Sprache am Gymnasium, welchem wir unter anderem das Entstehen der Wittwen- und Waisenkasse sowie die Stiftung des bekannten Brunner'schen Preises verdanken.

Den Stolz'schen Preis pro 1882 erhielten :

  der Obersecundaner Paul Reichard aus Strassburg, für Freihandzeichnen :
  der Primaner Otto Pauli aus Strassburg, für Mathematik ;

den Kreiss'chen Preis pro 1882 :

  der Primaner Otto Pauli aus Strassburg ;

den Brunner'schen Preis pro 1882 :

  der Primaner Carl Conrad aus Strassburg.

Das mündliche Abiturienten-Examen zu Ostern fand am 13. März statt. Der Schüler, der sich dazu gemeldet hatte, bestand dasselbe glücklich.

Am 16. Juli erhielten die sämmtlichen 11 Candidaten, die sich zum Sommertermin angemeldet hatten, das Reifezeugniss. Die Prüfung wurde abgehalten unter dem Vorsitz des Regierungscommissärs Herrn Prof. Dr. Studemund und im Beisein des Vertreters des Curatoriums Herrn Prof. Dr. Heitz.

Das Abiturientenexamen bestand am 13. März 1883 :

82. Schneegans, Heinrich, geb. 11. Sept. 1863 zu Strassburg, ev. Conf., Sohn des Deutschen Consuls Herrn Schneegans zu Messina, 9½ Jahre lang Schüler der Anstalt, 2 Jahre in Prima, gut bestanden, gedenkt neue Sprachen und Geschichte zu studiren.

Am 16. Juli 1883 :

83. Bossert, Julius, geb. 13. März 1864 zu Barr, ev. Conf., Sohn des Fabrikanten und Bürgermeisters Herrn Bossert zu Barr, 7 Jahre lang Schüler der Anstalt, 2 Jahre in Prima, gut bestanden, gedenkt die Rechte zu studiren.

84. Conrad, Carl, geb. 12. Februar 1863 zu Strassburg, ev. Conf., Sohn des Schuhmachers Herrn Conrad zu Strassburg, 7½ Jahre Schüler der Anstalt, 2 Jahre in Prima hinlänglich bestanden, gedenkt Theologie zu studiren.

85. Dursy, Gustav, geb. 18. April 1864 zu Frankenthal (Bayer. Pfalz), ev. Conf., Sohn des Ministerialraths Herrn Dursy zu Strassburg, von 1872 bis 1882 Schüler des Lyceums zu Strassburg, 1 Jahr Schüler des Protestantischen Gymnasiums, 2 Jahre in Prima des Lyceums und des Gymnasiums, hinlänglich bestanden, gedenkt die Rechte zu studiren.

86. Fabricius, Wilhelm, geb. 9. Januar 1861 zu Darmstadt, ev. Conf., Sohn des Kais. Generaldirektors der Zölle und indirekten Steuern in Elsass-Lothringen Herrn Fabricius zu Strassburg, 4 Jahre lang Schüler der Anstalt, 2 Jahre in Prima, gut bestanden, gedenkt Philologie und Geschichte zu studiren.

87. Hochapfel, Ernst, geb. 13. März 1865 zu Strassburg, ev. Conf., Sohn des Rentners und Beigeordneten am Bürgermeisteramt Herrn Hochapfel zu Strassburg, 11 Jahre lang Schüler der Anstalt, 2 Jahre in Prima, vorzüglich bestanden, gedenkt die Rechte zu studiren.

88. Knittel, Carl, geb. 15. September 1865 zu Dehlingen (Kreis Zabern), ev. Conf., Sohn des Pfarrers Herrn Knittel zu Strassburg, 8½ Jahre lang Schüler der Anstalt, 2 Jahre in Prima, vorzüglich bestanden, gedenkt die Rechte zu studiren.

89. Kratzeisen, Georg, geb. 27. April 1863 zu Strassburg, ev. Conf., Sohn des Rentners Herrn Kratzeisen zu Strassburg, 13 Jahre lang Schüler der Anstalt, 2 Jahre in Prima, hinlänglich bestanden, gedenkt Medicin zu studiren.

90. Lautz, Wilhelm, geb. 17. November 1864 zu Trier, ev. Conf., Sohn des Landgerichtspräsidenten Herrn Lautz zu Strassburg, Schüler des Lyceums zu Metz 1872—1877, des Gymnasiums zu Mülhausen 1877—1881, 2½ Jahre Schüler des Protestantischen Gymnasiums, 2 Jahre in Prima, hinlänglich bestanden, gedenkt die Rechte zu studiren.

91. Quirin, Edmund, geb. 26. Januar 1863 zu Gries, ev. Conf., Sohn des Pfarrers Herrn Quirin zu Gries, Schüler des Realprogymnasiums zu Bischweiler bis 1877, 6 Jahre lang Schüler des Protestantischen Gymnasiums, 2 Jahre in Prima, hinlänglich bestanden, gedenkt Theologie zu studiren.

92. Schickert, Otto, geb. 5. August 1863 zu Königsberg, in Ostpreussen, ev. Conf., Sohn des Oberstabsarztes Herrn Schickert zu Strassburg, von 1872 bis 1876 Schüler des Gymnasiums zu Coblenz, Ostern bis Herbst 1876 Schüler des Lyceums zu Strassburg, 7 Jahre lang Schüler des Protestantischen Gymnasiums, 2 Jahre in Prima, gut bestanden, gedenkt Medicin zu studiren.

93. Schmitten, Albert, geb. 9. Dezember 1864 zu Strassburg, ev. Conf., Sohn des Kaufmanns Herrn Schmitten zu Strassburg, 11 Jahre lang Schüler der Anstalt, 2 Jahre in Prima, hinlänglich bestanden, gedenkt die Rechte zu studiren.

II. Statistik.

a) Lehrercollegium.

Ausser dem Direktor waren im verflossenen Schuljahre an der Anstalt thätig 32 Lehrer, darunter 21 akademisch, 11 seminaristisch oder technisch vorgebildet. Sie setzen sich nach der Art ihrer Anstellung zusammen aus dem Conrektor, 9 Oberlehrern, 9 ordentlichen Lehrern, 1 Probecandidat und dem wissenschaftlichen Lehrer des Hebräischen, zu denen 6 definitiv angestellte und 2 provisorisch angestellte Elementarlehrer und je 1 Gesang-, Turn- und Zeichnenlehrer hinzutreten. Ueber die Unterrichtsthätigkeit dieser Herren vergleiche man die am Schluss beigegebene Tabelle.

b) Schülerstatistik

am 1. November 1882.

Classe.	Ordinarius.	Prot.	Kath	Israel.	Summe	Klass-Lothringer durch Geburt.	durch Einwanderung.	Aus dem übrigen Deutschland.	Fremde.	Summe.	Im Laufe des Schuljahrs neu eingetreten.	Summe in Summa.
O I.	Ziegler	13	—	—	13	8	5	—	—	13	—	13
U I.	Lupus	14	2	2	18	12	6	—	—	18	—	18
O II.	Engel	24	1	1	26	17	8	1	—	26	—	26
U II a.	Forssmann	17	1	3	21	17	3	1	—	21	—	21
U II b.	Forssmann	18	2	1	21	15	5	1	—	21	—	21
O III.	Bünger	30	2	2	34	23	11	--	—	34	—	34
U III a.	Bechstein	18	3	3	24	15	7	2	—	24	—	24
U III b.	Schröder	25	—	—	25	17	6	—	2	25	—	25
IV a.	Rudolph	28	2	1	31	24	7	—	—	31	—	31
IV b.	Erdmann	22	2	4	28	23	4	1	—	28	1	29
V a.	Kannengiesser	15	4	5	24	20	4	—	—	24	—	24
V b.	Enthoven	17	4	4	25	18	6	—	1	25	—	25
VI a.	Schröder	34	5	5	44	39	5	—	—	44	3	47
VI b.	Schnakenberg	37	7	4	48	45	3	—	—	48	—	48
		312	35	35	382	293	80	6	3	382	4	386
VII a.	Pauly	35	7	5	47	40	7	—	—	47	—	47
VII b.	Hardt	38	7	8	53	42	11	—	—	53	4	57
VII c.	Ledermann	29	3	11	43	34	8	—	1	43	2	45
VIII a.	Ferber	42	2	11	55	39	15	—	1	55	2	57
VIII b.	Roser	43	5	6	54	46	7	—	1	54	2	56
IX a.	Schrötel	19	4	13	36	34	2	—	—	36	2	38
IX b.	Hoffmeister	29	2	5	36	18	18	—	—	36	—	36
		235	30	59	324	253	68	—	3	324	12	336
		547	65	94	706	546	148	6	6	706	16	722

Die Fremden vertheilen sich ihrer Herkunft nach auf Frankreich (4), Schweiz (1), Haïti (1).

III. Lehrpensa.

Ober-Prima.

Ordinarius: Conr. Dr. Ziegler.

Religion : 1 St. Thomas. — Kirchengeschichte bis zur Reformation.

Deutsch : 3 St. Ziegler. — Lektüre: Lessings Laokoon und Dramaturgie. Gœthe's Tasso. Schillers Gedankendichtungen und «über naive und sentimentalische Dichtung». Litteraturgeschichte im Anschluss an die Lektüre. Vortrags- und Deklamationsübungen. Zehn Aufsätze. Kurze Einleitung in die Philosophie und Uebersicht über die formale Logik, theilweise im Zusammenhang mit der Lektüre Plato's.

Französisch : 3 St. Rœhrig. — 1) Litt. geschichtliche Bilder in Frankreich während dem 18. Jahrhundert. 2) Uebersetzungen aus Curtius, Mommsen, Hettner, O. Müller. 3) Gelesen wurde : Bossuet, Sermons; Racine, Plaideurs; Fénélon, Dialogues sur l'Éloquence; Corneille, Polyeucte.

Latein : 6 St. Lupus. — Gelesen wurde: Cicero de natura deorum I. II, und privatim Philippica I. II. Tacitus Agricola. Annales XIII. Mündliche Uebersetzungen aus Seyfferts Materialien. Stilistik nach Berger Abtheilung III. Wöchentlich ein Exercitium oder Extemporale.
Horaz, 2 St. Bünger. — Oden, Buch III und IV. Einige Satiren und Episteln. Ars poetica v. 1-220. 9 Oden wurden memorirt.

Griechisch : 6 St. Ziegler. — Lektüre: Demosthenes, Philippica 1 und 2. Olynth. 1, 2, 3. de pace. Plato, Gorgias. Homer, Ilias Ges. 6-18 (mit Auslassungen). Sophocles, Antigone und Philoctet. Memorirt wurden einzelne Abschnitte aus Homer und Sophocles. Grammatische Repetitionen.

Hebräisch : 2 St. facult. (Winter Euting; Sommer Nowack). — Hebräische Syntax im Anschluss an die Lectüre von Gen. 1 und Ps. 44. 120 ß.

Mathematik : 4 St. Göring. — Trigonometrie. Stereometrie. Quadratische Gleichungen. Reihen. Planimetrie. Mathematische Geographie.

Geschichte und Geographie : 3 St. Ziegler. — Geschichte der Neuzeit. Repetition der alten und mittleren Geschichte. — Geographische Repetitionen.

Physik und Chemie : 2 St. Besson. — Im Winter Physik: Magnetismus, Elektrizität und Wärmelehre. — Im Sommer Chemie: die wichtigsten Metalle und anorganischen Verbindungen der Metalle.

Gesang : 2 St. Bæhr. — Choräle, Motetten und Lieder, sowie Chöre aus verschiedenen Oratorien.

Turnen : 2 St. Ræcker. — Ordnungs-, Stab- und Gerätheübungen nach dem Lehrplan für den Turnunterricht an Gymnasien von A. Maul (Gerätheturnen, 8tes und 9tes Turnjahr.) Spiele.

Unter-Prima.

Ordinarius: Ob.-L. Dr. Lupus.

Religion : 1 St. Thomas. — Combinirt mit Ober-Prima.

Deutsch : 3 St. Ziegler. — Lektüre: Lessings Abhandlungen über die Fabel und das Epigramm; Laokoon und Abschnitte aus der Dramaturgie. Gœthe's Egmont. Kleist's Prinz von Homburg. Schiller's Braut von Messina und Gedankendichtungen, sowie Abschnitte aus seinen prosaischen Abhandlungen. Litteraturgeschichtliches im Anschluss an die Lektüre. Deklamationsübungen. 10 Aufsätze.

Französisch : 3 St. Röhrig. — Combinirt mit Ober-Prima.

Latein : 6 St. Lupus. — Gelesen wurde : Cicero Philippica I. II, privatim IX. Ausgewählte Briefe, Ausgabe Hofmaun-Andresen 2. Bändchen IV. Buch. Tacitus Hist. II. Stilistik nach Berger S. 1-100. Gelegentlich grammatische Repetitionen. Mündliche Uebersetzungen aus Süpfle III. Wöchentlich ein Exercitium oder Extemporale.

    Horaz. 2 St. Fossmann. — Auswahl aus dem 1. und 2. Buch der Oden, einige Epoden, carmen sæcul., 4 Satiren aus dem 1. Buch und 2 Episteln aus Buch I ; memorirt 11 Oden und Epode 7.

Griechisch : 6 St. Lupus. — Homer Ilias I-XII, davon 3 Bücher privatim. Auswendig gelernt I, 1-171, VI, 390-502. Thukydides I, 1-23, VII. Sophocles, Electra und Oedipus Rex. Einzelne lyrische Partien auswendig gelernt.

Hebräisch : 2 St. facult. Im Winter Euting, im Sommer Nowack. — Combinirt mit Ober-Prima.

Mathematik : 4 St. Göring. — Ebene Trigonometrie. Stereometrie. Planimetrie. Mathematische Geographie. Quadratische Gleichungen.

Geschichte und Geographie : 3 St. Ziegler. — Gemeinsam mit Ober-Prima.

Physik und Chemie : 2 St. Hesson. — Combinirt mit Ober-Prima.

Gesang : 2 St. Bærre. — Combinirt mit Ober-Prima.

Turnen : 2 St. Ræuber. — Combinirt mit Ober-Prima.

Ober-Secunda.

Ordinarius : Ob.- L. Engel.

Religion : 1 St. Thomas. — Bibelkunde : Episteln des Apostels Paulus. Die wichtigsten Stellen im Grundtexte gelesen und memorirt.

Deutsch : 3 St. Kannengiesser. — Einleitender Ueberblick über die wichtigsten Erscheinungen der deutschen Litteraturgeschichte, sowie kurze biographische Skizzen im Anschluss an die Lektüre und Deklamation. Das Wesentlichste aus der Technik des deutschen Aufsatzes nebst Dispositionsübungen. Gelesen und besprochen wurden ausser einer Anzahl von lyrisch-epischen Gedichten : Schillers Wallenstein, sowie als Privatlektüre Schillers Jungfrau von Orleans und ausgewählte Stücke aus Goethe's Dichtung und Wahrheit. 10 Aufsätze.

Französisch : 3 St. Cœtus A. Röhrig. — Prosodie française. Exercices de traduction oraux et écrits. Récitations. Précis d'histoire de la littérature française jusqu'au XVIᵉ siècle. Auteurs expliqués : Montesquieu, Lettres persanes. Voltaire, Lettres choisies. Molière, Avare. Racine, Andromaque.

    Cœtus B. Zwilling. — Schulgrammatik von Plœtz (50-79). Gebrauch der Zeiten und Modi, Syntax des Artik., des Adj. und des Adverbs. des pron. Concordanz des Verbs mit dem Subjekt, etc. Erklärung von Gedichten und Prosastücken (u. a. Avare, Femmes savantes). Mündliche und schriftliche Uebersetzungen. 8 Gedichte oder Auszüge wurden auswendig gelernt.

Latein : 6 St. Fossmann. — Eigenthümlichkeiten im Gebrauch der Redetheile und Lehre von den Conjunktionen nach Ellendt-Seyffert, erweitert nach Zumpt, Syntaxis ornata. Das Wichtigste über Ellipse, Pleonasmus und Wortstellung nach Zumpt. Wöchentlich ein Exercitium aus Seyfferts Uebungsbuch II oder ein Extemporale ; mündliche Uebungen aus Süpfle II und im letzten Halbjahr aus Seyffert. Lektüre : Livius XXII c. 32 bis Ende, XXIII. Cicero, Cato maior und Pro lege Manilia (zum Theil cursorisch).

    Vergil. 2 St. Plœn. — Aeneide I u. IV ; IX, 1-502 ; Auswahl aus den Eclogen u. Georgica. — Memorirt IV, 1-55.

Griechisch : 6 St. Engel. — Tempus- und Moduslehre. Infinitiv, Particip, Negationen nach Curtius. Mündliche Uebungen aus Böhme. Exercitia und Extemporalia. Lektüre : Lysias, Gegen Eratosthenes. Isocrates, Panegyricus. Homer, Odyssee Buch XIV, XV, XVI.

Hebräisch : 2 St., facultativ. — 1. Sem. Euting ; 2. Sem. Nowack. — Hebräische Formenlehre. Lektüre leichterer Abschnitte aus dem Alten Testament sowie Uebersetzungen aus dem Deutschen in's Hebräische.

Mathematik : 4 St. Göring. — Quadratische Gleichungen mit einer und mit mehreren Unbekannten. Ebene Trigonometrie. Reiben.

Geschichte und Geographie : 3 St. Reuss. — Römische Geschichte bis zu Constantin dem Grossen, 2 St. wöchentlich. — Physische und politische Geographie von Afrika, Amerika und Australien, 1 St.

Physik und Chemie : 2 St. Besson. — Im Wintersemester : Physik. Allgemeine Eigenschaften der Körper, Schwere, Hydrostatik, Akustik. Probleme. — Im Sommersemester : Chemie. Die wichtigsten Nichtmetalle und ihre Verbindungen. Probleme.

Gesang : 2 St. Bahnk. — Comb. mit Ober-Prima.

Turnen : 2 St. Räuber. — Ordnungs-, Stab- und Geräteübungen nach dem Lehrplan für den Turnunterricht an Gymnasien von A. Maul (Secunda). Spiele.

Unter-Secunda A.

Ordinarius : Ob.-L. Dr. Forssmann.

Religion : 1 St. Thomas. — Bibelkunde : Evangelien und Apostelgeschichte. Die wichtigsten Stellen gelesen. Die Bergpredigt memorirt.

Deutsch : 3 St. Reuss. — Vortrag über litterar-historische Themata. Besprechung und Erklärung von Gedichten ; Deklamationsübungen ; Lektüre von Herders Cid, Schillers Tell und Maria Stuart. 10 Aufsätze.

Französisch : 3 St. Cœtus A. Rædrig. — Grammaire française, répétition de la syntaxe de subordination. Orthographe, étymologie, synonymes. Exercices de réduction et de traduction. Récitations de Boileau. Explication : Art poétique. Buffon, Histoire naturelle. Ampère, Voyages. Racine, Andromaque. Molière, Avare.

Cœtus B. Zwilling. — Comb. mit Untersecunda B. Grammatik v. Plœtz, § 46-70 : Gebrauch der Zeiten und Modi ; Syntax des Artikels, des Adjectivs und des Adverbs. Mündliche und schriftliche Uebersetzungen. Leichtere Aufsätze. Lesen und Erklären von Gedichten und Prosastücken aus Kaisers Lesebuch III. Th. Gedichte und Prosastücke wurden auswendig gelernt.

Latein : 6 St. Engel. — Allgemeine Wiederholung der Casus- und Moduslehre. Exercitia und Extemporalia ; mündliche Uebungen nach Süpfle II. Theil. Cicero, Pro Archia u. Pro Roscio. Sallust, Bellum Jugurthinum (cursorisch).

Vergil, 2 St. Enthoven. — Aen. B. I, IV u. VI zum Theil. Memorirt I, 34-101.

Griechisch : 6 St. Forssmann. — Grammatik : Casuslehre, Lehre von den Präpositionen, dem Pronomen, dem genus verbi, dem Tempus und Anfang der Moduslehre. Mündliche Uebersetzungen aus Böhme. Wöchentlich ein Exercitium oder Extemporale. Lektüre : Hom. Od. IX, X und XIV ; Xenoph. An. IV, 5 bis zu Ende. 1. Arrian An. I, cap. 7-16, II, 3, 4, 9-12, 16-25. Memorirt aus Od. IX, 110 Verse.

Mathematik : 4 St. Langenbeck. — Algebra : Wurzeln, Logarithmen, Gleichungen 1 Grades mit mehreren Unbekannten. Geometrie : Kreisberechnung ; Repetition des Pensums der Ober-Tertia und Erweiterung desselben durch Sätze aus der neueren Geometrie.

Geschichte und Geographie : 3 St. Reuss. — Griechische Geschichte, mit Einleitung in die altorientalische, bis zum Schluss der Diadochenzeit. 2 Stunden wöchentlich. — Allgemeine Geographie ; physische und politische Geographie Asiens. 1 Stunde wöchentlich.

Gesang : 2 St. Bæhre. — Vorbereitungsübungen für die Männerstimmen im Chorgesange.

Turnen : 2 St. Reuber. — Ordnungs-, Stab- und Gerätheübungen nach dem Lehrplan von A. Maul (Secunda). Spiele.

Unter-Secunda B.

Ordinarius : Ob.-L. Dr. Forssmann.

Religion : 1 St. Thomas. — Comb. mit Untersecunda A.

Deutsch : 3 St. Forssmann. — Lehre von den Dichtungsgattungen mit Besprechung von Musterstücken aus Hopf und Paulsiek, die zum Theil memorirt wurden. Lektüre von Harders Cid, Schillers Wilhelm Tell. Im zweiten Halbjahr wöchentlich ein freier Vortrag. Declamationsübungen. 10 Aufsätze.

Französisch : 3 St. Cœtus A. Röhrig. — Comb. mit Untersecunda A.
Cœt. B. Zwilling. — Comb. mit Untersecunda A.

Latein : 6 St. Bünger. — Repetition und Ergänzung der Tempus- und Moduslehre. Repetition und Vervollständigung der Casuslehre. Lehre vom Gebrauch der Präpositionen und von den Eigenthümlichkeiten im Gebrauch der Nomina. Mündliche Uebersetzungen aus Süpfles Stilübungen II. Wöchentlich ein Exercitium oder Extemporale. Lektüre : Cicero, pro Roscio, pro Archia. Sallust, bell. Jugurth. cap. 1-60.
Vergil, 2 St. Forssmann. — Aen. lib. IV und VII gelesen ; IV, 1-105 memorirt.

Griechisch : 6 St. Erdmann. — Grammatik : Lehre von den Casus, Genera, Tempora, Anfang der Modi, nach von Bambergs griechischer Schulgrammatik § 1-101. Uebersetzungen aus dem Deutschen nach Böhme's Aufgabenbuch. Wöchentlich ein Exercitium oder Extemporale. Lektüre Odyssee IX-XII mit einzelnen Auslassungen, XIV angefangen. Auswendig 120 Verse. Xenophon Anab. IV, 5 bis zu Ende. V. Einzelne Abschnitte aus Arrians Anabasis.

Mathematik : 4 St. Langenbeck. — Wie in Untersecunda A.

Geschichte und Geographie : 3 St. Rudolph. — Griechische Geschichte. 2 St. — Allgemeine Erdkunde ; Asien 1 St.

Gesang : 2 St. Bæhre. — Wie in Untersecunda A.

Turnen : 2 St. Reuber. — Comb. mit Untersecunda A.

Ober-Tertia.

Ordinarius : Ob.-L. Dr. Bünger.

Religion : 1 St. Thomas. — Bibelkunde : Altes Testament. Die wichtigsten Stellen vorgelesen. Einige Psalmen memorirt.

Deutsch : 3 St. Bünger. — Erklärung von prosaischen und poetischen Stücken aus Hopf und Paulsiek III und von Schillers Balladen. Uhlands Ernst von Schwaben. 10 Gedichte wurden memorirt. 12 Aufsätze. Deklamation.

Französisch : 3 St. Cœtus A. Rœhrig. — Répétition de la grammaire française jusqu'aux règles du participe passé, § 276. Continué par la syntaxe de complément et la syntaxe d'emploi § 380. Exercices de narration, d'orthographe et de traduction. 24 devoirs. Exercices de mémoire. Lecture de La Fontaine et Rollin, Vie d'Alexandre.
Cœ. B. Zwilling. — Schulgrammatik von Plœtz (§ 46-65). Wiederholung der unregelmässigen Verben ; Gebrauch der Zeiten und Modi ; Syntax des Artikels, des Adjectivs und des Adverbs. 10 Stücke aus Kaisers II. Theil gelesen und zum Theil auswendig gelernt.

Latein : 6 St. Bünoer. — Tempus- und Moduslehre nach Ellendt-Seyffert § 234-342. Gelegentliche Repetition und Vervollständigung einzelner Abschnitte aus der Casuslehre. Uebungen dazu aus Ostermanns Uebungsbuch für Tertia. Wöchentlich Exercitium oder Extemporale. Lektüre : Cäsar, Buch VII cap. 57 bis zum Schluss; Buch I und V; Buch II privatim.

2 St. Im Winter Bünoer, im Sommer Plœn. — Ovid, Metamorphosen, Auswahl von Siebelis Stück 1, 2, 3, 6, 35, 37, 38. 150 Verse wurden memorirt.

Griechisch : 6 St. Bechstein. — Repetition der unregelmässigen Verbe. Syntax : Artikel, Pronomina, Subject und Prädicat, Casuslehre nach Seyffert-Bambergs Hauptregeln der griechischen Syntax § 1—61. Mündliche Uebersetzungen aus den Uebungsbüchern von Wesener II. Th. und Hölzer. Wöchentlich ein Exercitium oder Extemporale. Lektüre : Xenoph. Anab. I. Seit Ostern : Homer Od. I, 1-100 übersetzt und auswendig gelernt.

Mathematik : 4 St. Langenbeck. — Algebra : Proportionen, Gleichungen ersten Grades mit einer Unbekannten, Potenzen mit negativen und gebrochenen Exponenten. — Geometrie : Lehre von der Aehnlichkeit und der Flächenberechnung gradliniger Figuren (Mehler § 72—106); Konstructionsaufgaben.

Geschichte und Geographie: 4 St. Reess. — Geschichte der Neuzeit , seit dem Augsburger Religionsfrieden (1555) bis zu den Wiener Verträgen (1815). — Geographie des übrigen Europa, mit Ausschluss von Deutschland.

Gesang : 2 St. Bährs. — Comb. mit Ober-Secunda.

Turnen : 2 St. Rauber. — Ordnungs-, Stab- und Gerätheübungen nach dem Lehrplan für den Unterricht an Gymnasien, 5. Turnjahr, von A. Maul. — Spiele.

Unter-Tertia A.

Ordinarius : Dr. Bechstein.

Religion : 1 St. Thomas. — Die vorzüglichsten Psalmen erklärt und memorirt. Geographie von Palästina. Abriss der Geschichte des Volkes Israel.

Deutsch : 3 St. Bechstein. — Lesen, Erklären und Nacherzählen von Gedichten und Prosastücken aus Hopf und Paulsieks Lesebuch für Tertia. 10 Gedichte wurden auswendig gelernt. Repetition der Satzlehre. Alle 3 Wochen ein Aufsatz.

Französisch : Cœt. A. 3 St. Rœunig. — Grammaire française, répétition de la partie étymologique. Puis, dans Leclair : Syntaxe d'accord du § 157—236. Exercices de mémoire, de traduction, de narration et d'orthographe. Lecture à haute voix.

Cœt. B. 3 St. Zwilling. — Schulgrammatik v. Plœtz, § 24—46. Wiederholung der unregelmässigen Verben ; Uebungen der intransitiven, reflexiven und unpersönlichen Verben. Formenlehre des Subst., Adj., Adv., Präpos. Worstellung. Zahlreiche Stücke aus Kaiser (II. Th.) gelesen und auswendig gelernt.

Latein : 6 St. Bechstein. — Grammatik : Casuslehre; Orts-, Raum- und Zeitbestimmungen nach Ellendt-Seyffert; Repetition der Formenlehre. Wöchentlich ein Exercitium oder Extemporale. Mündliche Uebersetzung aus Ostermann für Tertia. Lektüre : Cæsar bell. gall. lib. I.

2 St. Enthoven. — Ovid, Auswahl aus Siebelis : Nr. 8, 14, 19, 22, 27, 30, 31, 36, v. 1—25. Memorirt : 8, v. 28—116. Prosodie im Anschluss an Ellendt-Seyffert, Anhang §§ 1—4. Uebungen im Versificiren.

Griechisch : 6 St. Bechstein. — Wiederholung des Pensums der Quarta. Verba liquida. Verba auf μι. Unregelmässige Verba. Mündliche und schriftliche Uebungen nach Weseners Uebungsbuch, I u. II. Theil. Wöchentlich ein Extemporale oder Klassenexercitium.

6

Mathematik : 4 St. Göring. — Geometrie nach Mehler § 48—§ 71 mit Ausschluss von § 54. Repetition des Pensums der Quarta. Konstruktionsaufgaben. Die vier Grundoperationen der Algebra. Potenzen mit ganzen Exponenten, Gleichungen ersten Grades mit einer Unbekannten.

Geschichte und Geographie : 4 St. Kannengiesser. — Physische und politische Geographie von Mitteleuropa. — Geschichte des Mittelalters und der Neuzeit bis zum dreissigjährigen Kriege, mit besonderer Hervorhebung Deutschlands.

Gesang : 2 St. Bähre. — Wie in Obertertia A.

Turnen : 2 St. Räuber. — Ordnungs-, Stab- und Gerätheübungen nach dem Lehrplan für den Turnunterricht an Gymnasien, von A. Maul (4. Jahr).

Unter-Tertia B.

Ordinarius: Dr. Schröder.

Religion : 1 St. Thomas. — Comb. mit Untertertia A.

Deutsch : 3 St. Schröder. — Wie in Untertia A.

Französisch : 3 St. Cœt. A. Rœrig. — Comb. mit Untertertia A.
Cœt. B. Zwilling. — Comb. mit Untertertia A.

Latein : 6 St. Engel. — Grammatik: Casuslehre; Orts-, Raum-, Zeitbestimmungen nach Ellendt-Seyffert. Wöchentlich ein Exercitium oder Extemporale. Mündliche Uebersetzung aus Ostermann für Tertia. Lektüre: Cæsar bell. gall. lib. I.
2 St. Schröder. — Ovid, Auswahl von Siebelis: XIV, 1—69 (memorirt); XIX, 1—12, 27—79; XXII, 8—111; VIII, 1—139 (memorirt); I, 1—88; XIII, 1—165; VI, 1—157. Prosodie im Anschluss an Ellendt-Seyffert, Anhang §§ 1-4. Uebungen im Versbau.

Griechisch : 6 St. Schröder. — Wie in Untertertia A. — Wöchentlich ein Extemporale oder Exercitium.

Mathematik : 4 St. Langenheck. — Wie in Untertertia A.

Geschichte und Geographie : 4 St. Reuss. — 2 St. Geschichte: Geschichte Deutschlands von Beginn des Mittelalters (395) bis zum Augsburger Religionsfrieden (1555). — 2 St. Geographie: Geographie von Deutschland und der Schweiz.

Gesang : 2 St. Bähre. — Comb. mit Untertertia.

Turnen : 2 St. Räuber. — Comb. mit Untertertia A.

Quarta A.

Ordinarius: Rudolph.

Religion : 1 St. Thomas. — Biblische Geschichte (3. Theil): Evangelische Geschichte. Einige Kirchenlieder memorirt.

Deutsch : 4 St. Rudolph. — Repetition der Lehre vom einfachen Satz; der zusammengesetzte Satz; Interpunktionslehre. Erklärung prosaischer und poetischer Stücke aus dem Lesebuche von Hopf und Paulsiek (IV). Deklamation. Nacherzählung. Diktate. Im Sommer abwechselnd Diktate und kleinere Aufsätze.

Französisch : 3 St. Cœtus A. Röurig. — Leseübungen mit Berücksichtigung der Alsaticismen in der Aussprache. Grammaire Leclair; répétition de la partie étymologique, supplément au nom, syntaxe d'accord, jusqu'aux participes exclusivement. Exercices de traduction, de rédaction et de mémoire.

Cœtus B. Zwilling. — Schulgrammatik von Plœtz: Uebungen über die regelmässigen und unregelmässigen Verben (§ 1-24). 15 Lesestücke aus Kaisers Lesebuch 1 Th. übersetzt und zum Theil auswendig gelernt.

Latein : 8 St. Rudolph. — Repetition der Formenlehre ; die Hauptregeln der Syntax nach Ostermanns Uebungsbuch (IV). Mündliche und schriftliche Uebersetzungen aus Ostermann. Im Sommer Lektüre des Cornelius Nepos : Aristides, Thrasybulus, Epaminondas, Pelopidas, Hannibal. Wöchentlich eine schriftliche Arbeit, Extemporale oder Exercitium.

Mathematik : 4 St. Langenbeck. — Rechnen : Repetition der Bruchrechnung. Decimalbrüche, Zins-, Tara-, Gewinn- und Verlust-, Rabatt- und Gesellschaftsrechnung. — Geometrie : Lehre von den Winkeln, Parallelen und den geradlinigen Figuren (Mehler § 1-46).

Geschichte und Geographie : 4 St. Rudolph. — Geschichte : Im Winter griechische, im Sommer römische Geschichte. — Geographie : Vorläufiges aus der allgemeinen Erdkunde ; die aussereuropäischen Erdtheile.

Naturgeschichte : 2 St. Langenbeck. — Zoologie : Die Gliederthiere, insbesondere Insekten (Vogel, Kursus 3). — Botanik : Die wichtigsten Familien der Phanerogamen (Vogel, Kursus 3).

Gesang : 2 St. Bähnke. — Die eine Hälfte der Schüler nahm an den Chorstunden theil, die andere wiederholte den Quinta-Kursus.

Turnen : 2 St. Räuber. — Ordnungs-, Frei- und Stabübungen und Gerätheturnen nach dem Lehrplan für das Turnen an Gymnasien von A. Maul (3. Turnjahr).

Quarta B.

Ordinarius : Dr. Erdmann.

Religion : 1 St. Thomas. — Wie in Quarta A.

Deutsch : 4 St. Erdmann. — Durchnahme einzelner Abschnitte der deutschen Grammatik nach dem Lehrplane von Wilmanns, besonders der Deklination. Lektüre von Gedichten und Prosastücken aus Hopf und Paulsieks Lesebuch. Memoriren von 12 Gedichten. Uebungen in Deklamation. Im Herbst Diktate, alsdann 12 Aufsätze.

Französisch : 3 St. Cœtus A. Rönnig. — S. Quarta A.
Cœtus B. Zwilling. — S. Quarta A.

Latein : 8 St. Erdmann. — Lektüre : Corn. Nepos : Miltiades, Themistocles, Aristides, Pausanias, Cimon, Lysander, Alcibiades, Pelopidas, Hamilcar, Hannibal. Sonst wie Quarta A.

Mathematik : 4 St. Göring. — Gemeine Brüche. Decimalbrüche. Regel detri. Geometrie nach Mehler § 1-46.

Geschichte und Geographie : 4 St. Erdmann. — Wie in Quarta A.

Naturgeschichte : 2 St. Basson. — Wintersemester : Beschreibung mehrerer wirbelloser Thiere. Zusammenstellung der Thiere zu Ordnungen und Klassen. — Sommersemester : Beschreibung verschiedener Pflanzen mit Hülfe des Leitfadens von Vogel, und später selbständige Beschreibung nach den mitgebrachten Exemplaren. — Mikroskopische Beobachtung einzelner Organe kleinerer Thiere.

Gesang : 2 St. Bähnke. — Wie in Quarta A.

Turnen : 2 St. Räuber. — Wie in Quarta A.

Quinta A.

Ordinarius: Dr. Kannengiesser.

Religion: 1 St. Thomas. — Biblische Geschichte (2. Theil): Von der Richterzeit bis zur Rückkehr aus dem Exil. Einige Kirchenlieder memorirt.

Deutsch: 4 St. Kannengiesser. — Fortsetzung der Formenlehre; das Wichtigste aus der Lehre vom Satze und der Interpunktion, verbunden mit mündlichen und schriftlichen Uebungen. Lektüre und Erklärung prosaischer und poetischer Lesestücke aus Hopf und Paulsiek (V); eine Anzahl von Gedichten wurde gelernt und deklamirt. Mündliche und schriftliche Uebungen im Nacherzählen. Wöchentlich ein Diktat, wofür zuweilen ein kleiner Aufsatz eintrat.

Französisch: 4 St. Cœt. A. Im Winter Jundt, im Sommer Rosen. — (Comb. mit Quinta B.) — Lecture. Récitations. Dictées. Exercices de grammaire et de style. Traductions orales. Verbes réguliers et irréguliers des 4 conjugaisons.
4 St. Cœt. B. Thomas. — Elementarbuch der französischen Sprache von Plötz § 43—83. Leichtere Lesestücke aus Kaisers französischem Lesebuch (I). Es wurden einige Gedichte memorirt. Wöchentlich ein Exercitium oder ein Extemporale.

Latein: 8 St. Kannengiesser. — Wiederholung der regelmässigen und Einübung der unregelmässigen Formenlehre, besonders der Conjugationen. Verba anomala. Die Hauptregeln der Syntax nach Ostermanns Uebungsbuch für Quinta. Mündliche und schriftliche Uebungen im Uebersetzen. Wöchentlich ein Extemporale oder Exercitium.

Rechnen: 3 St. Im Wintersemester Ledermann, im Sommersemester Roth. — Vorübungen zum Bruchrechnen. Wöchentlich ein Extemporale oder ein Exercitium.

Geschichte und Geographie: 3 St. Plœn. — Erzählungen aus der Geschichte des Mittelalters und der Neuzeit. — Geographie der Länder Europa's mit besonderer Berücksichtigung Deutschlands.

Naturgeschichte: 2 St. Schnakenberg. — Im Winter Besprechung der Wirbelthiere; im Sommer Beschreibung von Pflanzen. Vergleichung; Gattungscharaktere.

Schreiben: 2 St. Im Winter Ferber, im Sommer Duchmann. — Lateinische und deutsche Schrift.

Gesang: 2 St. Behre. — Rhythmisch-melodische Uebungen zweistimmiger Lieder, Motetten und Choräle.

Turnen: 2 St. Reuber. — Ordnungs-, Frei- und Stabübungen und Gerätheturnen nach dem Lehrplan für den Turnunterricht an Gymnasien, 2. Turnjahr, von Maul. Spiele.

Quinta B.

Ordinarius: Dr. Enthoven.

Religion: 1 St. Thomas. — Wie Quinta A.

Deutsch: 4 St. Enthoven. — Hauptregeln der Satz- und Interpunktionslehre; Uebungen im Satzbau. Lesen und Erklären prosaischer und poetischer Stücke aus dem Lesebuch; Memoriren von Gedichten, Uebungen im Nacherzählen. Im Winter wöchentlich ein Diktat, im Sommer abwechselnd Diktat und kleiner Aufsatz.

Französisch: 4 St. Cœt. A. Im Winter Jundt, im Sommer Rosen. — Comb. mit Quinta A. Cœt. B. 4 St. Thomas. — Comb. mit Quinta A.

Latein: 8 St. Enthoven. — Wiederholung der regelmässigen und Einübung der unregelmässigen Formenlehre, besonders der Conjugationen. Verba anomala. Die Hauptregeln der Syntax nach Ostermanns Uebungsbuch für Quinta. Mündliche und schriftliche Uebungen im Uebersetzen. Wöchentlich ein Extemporale oder Exercitium.

Rechnen: 3 St. Im Wintersemester LEDERMANN, im Sommersemester ROTH. — Wie Quinta A.

Geschichte und Geographie: 3 St. ENTHOVEN. — Biographien und Episoden aus der Geschichte des Mitelalters (im Winter), der Neuzeit (im Sommer). — Geographie von Europa mit besonderer Hervorhebung von Deutschland.

Naturgeschichte: 2 St. BESSON. — Im Wintersemester: Beschreibung der wichtigsten Wirbelthiere mit Hülfe des Leitfadens von Vogel; im Sommersemester: Besprechung der wichtigsten einheimischen phanerogamen Pflanzen. Mikroskopische Beobachtungen verschiedener Pflanzentheile.

Schreiben: 2 St. Im Wintersemester FERBER, im Sommersemester DUCHMANN. — Lateinische und deutsche Schrift.

Gesang: 2 St. BÆHRE. — Wie in Quinta A.

Turnen: 2 St. RÆUBER. — Wie in Quinta A.

Sexta A.

Ordinarius: Dr. Schröder.

Religion: 1 St. Im Winter JUNDT, im Sommer DUCHMANN. — Biblische Geschichte von der Zeit Salomo's bis zum Schluss des Alten Testamentes. Jugendgeschichte Jesu. Einige Kirchenlieder memorirt.

Deutsch: 4 St. SCHRŒDER. — Grammatik im Anschluss an den Anhang des Lesebuchs von Hopf und Paulsiek für VI. Deklination und Conjugation; Präpositionen; das Wichtigste aus der Lehre vom einfachen Satz. Lesen und Erklären prosaischer und poetischer Stücke aus dem Lesebuch; Deklamation. Uebungen im Nacherzählen. Wöchentlich ein Diktat.

Französisch: Cœtus A. 4 St. — Im Winter JUNDT, im Sommer THOMAS. — Récitations. Dictées. Exercices de grammaire. Traductions. Grammaire: partie étymologique jusqu'aux verbes irréguliers.

Cœtus B. 4 St. ZWILLING. — Elementarbuch v. Plötz, § 1-55.

Latein: 8 St. SCHRŒDER. — Regelmässige Formenlehre nach Ellendt-Seyffert im Anschluss an Ostermanns Uebungsbuch und Vokabularium für VI (mit Ausschluss der Deponentia). Wöchentlich ein Extemporale oder Exercitium.

Rechnen: 3 St. Im Winter LEDERMANN, im Sommer ROTH. — Die vier Grundrechnungen mit grösseren Zahlen. Rechnen mit benannten Zahlen. Wöchentlich abwechselnd ein Extemporale oder Exercitium.

Geschichte und Geographie: 3 St. RUDOLPH. — Geographische Grundbegriffe. Die ausser europäischen Erdtheile. Die Kämpfe vor Troja und die Irrfahrten des Odysseus. Kleinere Sagen.

Naturkunde: 2 St. GÖRING. — Im Winter Zoologie, im Sommer Botanik, im Anschluss an die Leitfäden für Zoologie und für Botanik von Vogel- Müllenhoff etc. Cursus I.

Schreiben: 2 St. FERBER. — Deutsche und lateinische Schrift.

Gesang: 2 St. BÆHRE. — Treff- und Tonbildungsübungen. Notenlesen. Einstimmige Choräle und Lieder.

Turnen: 2 St. RÆUBER. — Ordnungs-, Stab- und Gerätheübungen nach dem Lehrplan für den Turnunterricht an Gymnasien von A. Maul (1. Turnjahr). Spiele.

Sexta B.

Religion: 1 St. Wintersemester JUNDT, Sommersemester DUCHMANN. — Dasselbe wie in Sexta A.

Deutsch: 1 St. SCHNAKENBERG. — Besprechung von Lesestücken aus Hopf und Paulsiek (VI). — Repetition und Erweiterung der Wortlehre; Anfänge der Syntax. Wöchentlich ein Diktat.

Französisch: 4 St. Cœtus A. Wintersemester JUNDT, Sommersemester THOMAS. — Combinirt mit Sexta A.

Cœtus B. ZWILLING. — Comb. mit Sexta A.

Latein: 8 St. SCHNAKENBERG. — Einübung der regelm. Dekl. und Conj., Pronomina, Zahlwörter. Uebersetzung der Uebungsstücke aus Ostermann Uebungsb. für VI (Deponentia ausgeschlossen). Wöchentlich ein Extemporale.

Rechnen: 3 St. SCHNAKENBERG. — Division und Multiplikation mit grösseren Zahlen; Rechnen mit benannten Zahlen. Wöchentlich ein Extemporale oder Exercitium.

Geschichte und Geographie: 3 St. SCHNAKENBERG. — In Geographie die aussereuropäischen Erdtheile; in Geschichte Vor- und Nacherzählen der bedeutendsten Sagen des klassischen Alterthums.

Naturgeschichte: 2 St. SCHNAKENBERG. — Im Winter, Besprechung einzelner Säugethiere und Vögel; im Sommersemester Durchnahme einzelner charakteristischen Pflanzenformen.

Schreiben: 2 St. Im Winter FERBER, im Sommer DUCHMANN. — Lateinische und deutsche Schrift.

Gesang: 2 St. BÆHRE. — Wie in Sexta A.

Turnen: 2 St. RÄUBER. — Wie Sexta A.

Septima A.

Religion: 2 St. Wintersemester THOMAS, Sommersemester DUCHMANN. — Ausgewählte Geschichten des Alten und Neuen Testaments. Einige Kirchenlieder memorirt.

Deutsch: 7 St. PAULY. — Lesestücke in deutscher und lateinischer Schrift. Erlernen ausgewählter poetischer und prosaischer Stücke. Abschreibe- und Diktirübungen. Grammatik: Kopfbuchstabiren, Orthographie und Wortlehre.

Französisch: 4 St. Cœt. A. Im Winter JUNDT, im Sommer FERBER. — Lecture. Exercices d'orthographe. Récitations. Grammaire: Nom, Article, Adjectif. Verbes être et avoir.

Cœt. B. THOMAS. — Syllabaire français von Plœtz, Lektion 1 bis 60. Abschreibübungen.

Rechnen: 4 St. PAULY. — Die vier Grundrechnungen mit grösseren unbenannten ganzen Zahlen. Grosses Einmaleins. Kopfrechnen.

Naturkunde: 1 St. BÆHRE. — Besprechung einzelner Pflanzen und Thiere.

Schreiben: 3 St. FERBER. — Deutsche und lateinische Schrift.

Gesang: 1 St. BÆHRE. — Tonbildungs- und Treffübungen. Einstimmige Lieder und Choräle.

Turnen: 2 St. PAULY. — Ordnungs- und Freiübungen. Leichte Geräthebübungen. Turnspiele.

Septima B.

Ordinarius: Hardt.

Religion: 2 St. Im Winter Thomas, im Sommer Duchmann. — Wie in Septima A.
Deutsch: 7 St. Hardt. — Wie in Septima A.
Französisch: 4 St. Cœt. A. Im Winter Jundt, im Sommer Ferber. — Wie in Septima A.
    Cœt. B. Thomas. — Wie in Septima A.
Rechnen: 4 St. Hardt. — Wie in Septima A.
Naturkunde: 1 St. Hardt. — Wie in Septima A.
Schreiben: 3 St. Ferber. — Wie in Septima A.
Gesang: 1 St. Hardt. — Wie in Septima A.
Turnen: 2 St. Hardt. — Wie in Septima A.

Septima C.

Ordinarius: Pauly.

Religion: 2 St. Wintersemester Ledermann, Sommersemester Roth. — Wie in Septima A.
Deutsch: 7 St. Pauly. — Wie in Septima A.
Französisch: 4 St. Cœt. A. Wintersemester Jundt, Sommersemester Rosen. — Lecture, traduc-
tions et explication de morceaux de prose et de poésie. Premiers éléments de la grammaire.
Verbes auxiliaires. Récitations. Copies. Dictées.
    Cœt. B. Wintersemester Ledermann, Sommersemester Pauly. — Syllabaire français von Plœtz,
Lektion 1—40. Wöchentlich ein Diktat.
Rechnen: 4 St. Wintersemester Ledermann, Sommersemester Roth. — Wie in Septima A.
Naturkunde: 1 St. Basru. — Wie in Septima A.
Schreiben: 3 St. Wintersemester Pauly, Sommersemester Roth. — Wie in Septima A.
Gesang: 1 St. Basru. — Wie in Septima A.
Turnen: 2 St. Wintersemester Pauly, Sommersemester Duchmann. — Ordnungs- und Freiübungen.
Leichte Geräteübungen. Turnspiele.

Octava A.

Ordinarius: Ferber.

Religion: 2 St. Im Winter Rosen, im Sommer Duchmann. — Ausgewählte Geschichten des Alten
und Neuen Testaments. Liederverse und Sprüche.
Deutsch: 7 St. Hardt. — Lesen deutscher und lateinischer Schrift. Erzählen und Deklamiren.
Abschreiben. Leichte Diktate. Grammatische Uebungen (Artikel, Substantiv, Adjectiv, Verbum).
Französisch: 4 St. Cœt. A. Im Winter Jundt, im Sommer Rosen. — Lecture, écriture, exercices
de mémoire et d'orthographe.
    4 St. Cœt. B. Ferber. — Lecture, écriture, exercices de langage et d'orthographe. Traduc-
tions orales.
Rechnen: 3 St. Ferber. — Kopf- und Schriftrechnen im Zahlenkreis von 1—1000. Addition,
Subtraktion und Multiplikation.
Naturkunde: 1 St. Duchmann. — Besprechung von Thieren und Pflanzen im Anschluss an die
entsprechenden Lesestücke des Lesebuchs.

Schreiben : 3 St. Ferber. — Deutsche und lateinische Schrift.
Gesang : 1 St. Duchmann. — Einstimmige Choräle und Volkslieder nach dem Gehör.
Turnen : 2 St. Hardt. — Leichte Ordnungs- und Freiübungen ; Klettern, Springen, Turnspiele.

Octava B.

Ordinarius : Roser.

Religion : 2 St. Wintersemester Roser, Sommersemester Duchmann. — Wie Octava A.
Deutsch : 7 St. Hoffmeister. — Wie Octava A.
Französisch : 4 St. Cœt. A. Wintersemester Jundt, Sommersemester Roser. — Wie Octava A.
Cœt. B. Ferber. — Wie Octava A.
Rechnen : 3 St. Roser. — Wie Octava A.
Naturkunde : 1 St. Roser. — Wie Octava A.
Schreiben : 3 St. Roser. — Wie Octava A.
Gesang : 1 St. Roser. — Wie Octava A.
Turnen : 2 St. Wintersemester Roser, Sommersemester Duchmann. — Wie Octava A.

Nona A.

Ordinarius : Schrœtel.

Religion : 2 St. Schrœtel. — Ausgewählte biblische Geschichten aus dem Alten und Neuen
Testament. Einschlägige Sprüche und Gebete.
Deutsch : 6 St. Schrœtel. — Anschauungs- und Sprechübungen. Lesen deutscher und lateinischer
Schreib- und Druckschrift. Abschreiben, Diktirübungen. Erlernen kleiner Gedichte.
Französisch : 4 St. Roser. — Exercices de langage. Lecture. Ecriture. Copies du livre Michel.
Petites traductions orales.
Rechnen : 3 St. Schrœtel. — Addition und Subtraktion im Zahlenkreis von 1—100. Uebungen
aus dem kleinen Einmaleins.
Naturkunde : 1 St. Schrœtel. — Besprechung einzelner Thiere, besonders Hausthiere, und Pflanzen.
Schreiben : 3 St. Schrœtel. — Die kleinen und grossen deutschen Buchstaben, einzeln und in
Verbindungen, im Takt und frei.
Gesang : 1 St. Schrœtel. — Tonleitern. Lieder nach dem Gehöre.
Turnen : 2 St. Schrœtel. — Turnspiele. Leichte Ordnungs- und Freiübungen.

Nona B.

Ordinarius : Hoffmeister.

Religion : 2 St. Hoffmeister. — Wie Nona A.
Deutsch : 6 St. Hoffmeister. — Wie Nona A.
Französisch : 4 St. Im Winter Roser, im Sommer Roth. — Wie Nona A.
Rechnen : 3 St. Hoffmeister. — Wie Nona A.
Naturkunde : 1 St. Hoffmeister. — Wie Nona A.
Schreiben : 3 St. Hoffmeister. — Wie Nona A.
Gesang : 1 St. Hoffmeister. — Wie Nona A.
Turnen : 2 St. Hoffmeister. — Wie Nona A.

Themata für die deutschen Aufsätze.

Ober-Prima.

1) Es siegt immer und nothwendig die Begeisterung über den, der nicht begeistert ist. (Klassenaufsatz.)

2) Demosthenes im Kampf mit Philipp von Macedonien.

3) Wie malt Homer?

4) Auf welche Bahnen weist Lessing in seiner Hamburgischen Dramaturgie die deutsche Tragödie? (Klassenaufsatz.)

5) Lessings Verhältniss zur Sturm- und Drangperiode. (Clausurarbeit.)

6) Goethe's Götz von Berlichingen, ein Produkt der Sturm- und Drangperiode.

7) Es bildet ein Talent sich in der Stille,
Sich ein Charakter in dem Strom der Welt.

8) Alles Grosse in der Weltgeschichte ist von Einzelnen, niemals von der Masse ausgegangen. (Klassenaufsatz.)

9) Die Ansicht Schillers von der Entwicklung der Menschheit, nach den drei Gedichten: die Künstler, Spaziergang, Eleusisches Fest.

10) Die Schuld der sophokleischen Antigone. (Examensthema.)

Unter-Prima.

1) Der Ständekampf in Rom. (Klassenaufsatz).

2) Die Laokoongruppe verglichen mit der Erzählung des Vergil.

3) Thersites.

4) Die Hauptgedanken in Lessings Abhandlungen über die Fabel. (Klassenaufsatz.)

5) Wie urtheilt Lessing über die drei dramatischen Einheiten?

6) Wie verhält sich Egmont, wie der Prinz von Homburg dem drohenden Tode gegenüber?

7) Warum glaubt Don Cesar (Braut v. Messina) sterben zu müssen? (Klassenaufsatz.)

8) Der Chor in der Braut von Messina.

9) Der Gedankengang in Schillers «Künstler» soll entwickelt und mit den Grundgedanken des Spaziergangs und des eleusischen Festes verglichen werden.

10) Liegt die tragische Schuld in der Vorgeschichte des Königs Oedipus? (Klassenaufsatz.)

Ober-Secunda.

1) Euch, ihr Götter, gehört der Kaufmann. Güter zu suchen
Geht er, doch an sein Schiff knüpfet das Gute sich an.

2) Der junge Goethe nach dem ersten Buche von Dichtung und Wahrheit.

3) Welchen Einfluss haben die Kreuzzüge auf die deutsche Poesie des Mittelalters gehabt?

4) Welche dichterischen Eigenschaften Schillers treten in dem «Taucher» zum Vorschein? (Klassenarbeit.)

5) Welche Aehnlichkeiten finden sich zwischen Schillers Kassandra und seiner Jungfrau von Orleans?

6) Wie unterscheidet sich die Lage des Schiffbrüchigen auf Salas y Gomez von derjenigen Robinsons (nach Defoë)?

7) a. Die Situation in Wallensteins Lager. b. Die Hauptfiguren in Wallensteins Lager.

8) Noth entwickelt Kraft.

9) Die Krisis in Schillers Wallenstein. (Klassenarbeit.)

10) Wallenstein im dritten Akte von « Wallensteins Tod ». (Klassenarbeit.)

Mathematische Aufgaben der Abiturienten.

1) $x^2 + y^2 = a x y$
$1 + x^2 y^2 = b x y$

2) Es soll ein Dreieck konstruirt werden. Zwei Seiten desselben sollen gegebenen Strecken a und b gleich und die dritte soll doppelt so lang, als die zu ihr gehörige Höhe sein.

3) Von einem Dreieck ABC sind zwei Seiten a $= 31$, b $= 19$ und der eingeschlossene Winkel $\gamma = 60^\circ 20'$ gegeben. Welche Winkel bildet mit den Seiten AC und BC eine durch C gehende Gerade, deren Abstände von den Ecken A und B sich wie 8 zu 7 verhalten.

4) Es soll der Centriwinkel eines Sektors bestimmt werden, der aus einem Kreis vom Radius r ausgeschnitten und zu einem Kegelmantel umgebogen ist. Die Höhe des so entstandenen Kegels ist um h kleiner, als die Höhe eines Kegels, der aus einem Sektor vom halben Centriwinkel entsteht.

IV. Lehrmittel.

1. Bibliothek.

Die Bibliothek wurde bis zum 1. Juli 1883 folgendermassen benützt:

Aus Classe	Schülerzahl	Haben entlehnt	Bände.	Aus Classe	Schülerzahl	Haben entlehnt	Bände.
0 I	13	3	14	U III b	26	16	156
U I	18	8	97	IV a	31	28	293
0 II	26	10	94	IV b	28	18	168
U II a	21	11	87	V a	24	20	344
U II b	21	13	140	V b	25	22	319
0 III	34	19	174	VI a¹)	44	41	312
U III a	24	17	183	VI b¹)	48	30	225
					382	256	2606

Aus der bibliotheca pauperum haben 22 Schüler 242 Bände zur dauernden Benützung erhalten.

Die Bibliothek wurde vermehrt:

A. Durch Geschenke. — Wir erhielten:

Von Herrn Generalsekretär Spach: Louis Spach, Oeuvres choisies, tom. I. II. IV. — Ders., Heinrich Waser. Ein Drama in fünf Aufzügen mit Gesängen. — Ders., Mélanges de critique littéraire, 4me série. — Ders., Mélanges d'histoire et de critique littéraire, 3me série. — Ders., Oberlin, pasteur du Ban-de-la-Roche. Dazu eine Anzahl französischer Klassikerausgaben.
Von Herrn Conrektor Dr. Ziegler: Wilisch, Drei Erzählungen aus dem griechischen Altertbum. Leipzig 1874.
Vom Untersekundaner Koch: Deutscher Jugendfreund 1878.

---

¹ An die Schüler der beiden Sexten konnten dieses Jahr nur alle 14 Tage Bücher ausgegeben werden.

Von Herrn Oberl. Dr. Reuss : Vieux noms et rues nouvelles de Strasbourg. Causeries biographiques d'un flâneur avec une préface par Rod. Reuss. Strasb. 1883. — Bilder aus der Schreckenszeit. Erlebnisse eines deportirten elsäss. Geistlichen von J. K. Gerold. Mit geschichtl. Anmerkuugen her. v. Rud. Reuss, Strassburg 1883. — Rud. Reuss, der Apostel Paulus. Ein evangel. Lebensbild aus dem ersten Jahrhundert. Strassburg 1883.

Von Herrn Dr. Jundt in Paris : Les centuries de Magdebourg. Leçon d'ouverture par A. Jundt, Paris 1883.

Vom Unterseknudaner Bloch : Brunner, Nouveaux mélanges de littérature française à l'usage du Gymnase de Strasbourg. Str., Heitz 1821.

Von Herrn Prof. Dr. Euting : Tabula scripturæ Hebraicæ del. a J. Euting. Argentorati 1882.

Von Herrn Buchhändler Bull : Preuss, Jahrbücher Bd. 47, 48. — Unsere Zeit 1881 Bd. 1 u. 2. — Westermanns Monatshefte Bd. 50, 51. — Im Neuen Reiche 1881 Bd. 1. — Daheim 1881.

Endlich erhielten wir durch Herrn Direktor Schneegans von mehreren Verlegern Schulbücher mit Empfehlung zur Einführung.

Für alle diese Zuwendungen wird hier der verbindlichste Dank wiederholt.

B. Durch Ankäufe. — Es wurden angeschafft :

Die Fortsetzungen der Werke von Oncken, Merguet, Scherer, Ranke, der Wattenbach'schen Geschichtschreiber der deutschen Vorzeit, der Seemann'schen kunsthistorischen Bilderbogen, des Ritter'schen geogr.-statist.-Lexikons und der Zeitschriften : Neue Jahrbücher für Philologie und Pädagogik, Berliner Gymnasialzeitschrift, Petermanns geogr. Mittheilungen, Elsass-Lothring. Schulblatt, Reichsgesetzblatt und Gesetzblatt für Elsass-Lothringen. — Deutsche Jugend, Magasin pittoresque. — J. Hottenroth, Trachten, Haus-, Feld- und Kriegsgeräthsebaften der Völker alter und neuer Zeit. Lief. 1—9. — Direktorenkonferenzen X—XIII. — Verne, Le Rayon vert. — Ders., Kéraban-Le-Têtu. — Ders., L'école des Robinsons. — Roth, Pilger und Kreuzfahrer. — Glaser, Savonarola. — O. Höcker, Das Almenschloss, Bd. 1. Der Erbe des Pfeiferkönigs, II. In heimlichem Bunde, III. Zwei Riesen von der Garde. — Helms, Heinz Treuaug. — O. Hoffmann, Der Freihof. — Mund, Axel, Der Husar. — F. Hoffmann, Die Eroberung von Mexico. — F. Schmidt, Der Hülfsschreiber des Königs. — Ders., Der Rittmeister. — Ders., Wilhelm von Zesen. — F. Hoffmann, Mozart's Jugendjahre. Ludwig van Beethoven. — Proschko, Der Halbmond vor Wien. — Hamann, Rosamunde Fane. — Holleben, Deutsches Flottenbuch. — O. Hoffmann, Die Wassernixe. — F. Otto, Der Skalpjäger. — F. Hoffmann, Peter Simpel. — Dielitz, Ost und West. — Braun, Der Bienenjäger. — Meissner, Erzählungen eines alten Seefahrers. — Höcker, Jakob Ehrlich. — Marryat-Höcker, Die Ansiedler in Kanada. — Müller, Vasco de Gama. — 7 Bände aus Trewendts Jugendbibliothek. — E. und C. von Dincklage, Geschichtenbuch für die Jugend. — Daheimkalender 1883. — Ferner : Treitschke, Deutsche Geschichte im 19. Jahrhundert, Bd. II. — Schiller, Geschichte der römischen Kaiserzeit, Bd. I, Abth. 1. — Kraus, Kunst und Alterthum in Elsass-Lothringen, Bd. II, Abth. II. — Meyers Conversationslexikon Suppl. 20. — Annuaire pour l'an 1883. — Figuier, L'année scientifique 1882. — F. Reuters sämmtliche Werke.

Für die bibliotheca pauperum :

Plœtz, Elementarbuch, 2 Expl. — Wöckel, Geometrie der Alten, 4 Expl. — Holzweissig, Leitfaden zur Geschichte der christl. Kirche, 2 Expl. — Seyffert, Hauptregeln der griechischen Syntax, 5 Expl. — Heis, Sammlung von Beispielen und Aufgaben, 5 Expl. — Berger, Lat. Stilistik, 3 Expl. — Seyffert, Materialien. — Kaiser, Französ. Lesebuch. — Vogel, Zoologie, Heft 2. — Bossuet, Choix de sermons éd. Gandar, 2 Expl. — Andresen, Ausgewählte Briefe von M. Tullius Cicero, 3 Expl. — Vogel, Botanik, Heft 2.

Von dem Strassburger Musikvereine wurde dem Gymnasium eine grosse Auswahl werthvoller Musikalien zum Geschenke gemacht. Wir verfehlen nicht, dafür unsern warmen Dank hier auszusprechen.

2. Apparat für den Anschauungsunterricht.

Die Ausdehnung des naturwissenschaftlichen Unterrichtes auf die Quarta hat die Anschaffung von neuen, geeigneten Lehrmitteln nothwendig gemacht. Zu diesem Zwecke hat das St. Thomaskapitel dem Gymnasium eine ausserordentliche Summe zur Verfügung gestellt, woraus am Anfang des Schuljahrs folgende Gegenstände angekauft worden sind:

1) An ausgestopften Thieren: Je ein Hermelin in Sommer- und Winterkleid, ein Wiesel, ein Eichhörnchen, eine Wanderratte, eine Hausratte, eine Waldmaus, eine Hausmaus, eine Brandmaus, eine Fledermaus, ein Kranich, eine wilde Ente, eine Felstaube, eine Hausschwalbe, ein Buchfink, ein Diestelfink, ein Zeisig, eine Saatkrähe, eine Nebelkrähe, eine Dohle, ein Grünspecht, ein Karpfen und ein Ruchen; 2) an Skeletten und Skeletttheilen: Vollständige Skelette eines Affen, einer Katze, eines Maulwurfs, eines Eichhorns, einer Wanderratte, einer wilden Ente, einer Sumpfschildkröte, einer Eidechse und eines Frosches, Schädel von einem Pferd, einem Reh und einem Fuchs, Fussknochen von einem Pferd und einem Reh; 3) einige Spiritus-Präparate und 4) eine kleine Insektensammlung. Auch wurde die Sammlung von Wandtafeln bedeutend vermehrt.

Einen bedeutenden Zuwachs erhielt die Sammlung durch eine Reihe zum Theil recht werthvoller Geschenke, für die wir hiermit allen den gütigen Gebern unseren herzlichsten Dank aussprechen. Wir erhielten: Von Herrn Grafen Pooci: Einen Fuchs, eine junge Wildkatze, eine Wald-Ohr-Eule, einen Kukuk, einen Pirol, einen Sperling, ferner Bälge von einer Wildkatze, einer Löffelente, einem Wellenpapagay, einem Thurmfalken und einem Staar, welche ebenfalls ausgestopft und der Sammlung einverleibt wurden; von Herrn Rentier Münch: Eine Hausstaube, eine Uferschwalbe, eine Bachstelze, eine Kohlmeise und eine Wald-Ohr-Eule; von Herrn Gymnasiallehrer Schnakenberg: Verschiedene von ihm präparirte Schädel; von Herrn Gymnasiallehrer Hoffmeister: Einen grossen Buntspecht; von dem Quartaner Cappis: Verschiedene Muscheln; von dem Sextaner Maysenbacher: ein Buchfinkennest.

Die Sammlung von Photographien antiker Plastik und Architektur ist im verflossenen Schuljahre um 45 Nummern vermehrt worden.

Auch hat die Münztafel einen Zuwachs erhalten, indem Herr O. L. Besson einige Facsimilia antiker Münzen der Anstalt zum Geschenke gemacht hat, wofür ihm hier öffentlich Dank gesagt wird, und ein ächter römischer Sesterz aus der Zeit des 2. punischen Kriegs käuflich erworben worden ist.

V. Liste der Lehrbücher pro 1883/84.

Für die Wahl von Ausgaben griech. und lat. Autoren ist das Urtheil der betreffenden Lehrer einzuholen.

Religion.

O II, I.   Novum Testamentum græce.
      I.   Holzweissig, Abriss der Kirchengeschichte.

Deutsch.

      IX.   Fibel.
IX, VIII.   Hopf und Paulsiek, Lesebuch für Octava.
     VII.   »   »   »   Septima.
      VI.   »   »   »   Sexta.
      V.   »   »   »   Quinta.
     IV.   »   »   »   Quarta.
     III.   »   »   »   Tertia.
  II, I.   »   »   »   Secunda und Prima.
      II.   Schillers Dramen.
  O II.   Goethe, Wahrheit und Dichtung.
      I.   Ausgewählte Stücke von Lessing, Schiller und Goethe.

Französisch.

IX. Michel, Méthode de lecture.
VIII. Hatt, Lectures enfantines.
VII. Beck, Choix de lectures.
VII. Kampmann, Petite grammaire française.
VI, V. Cœt. A. Kampmann, Grammaire pratique française. — Belèze, Exercices de mémoire et de style.
IV, U III. Cœt. A. Marguerin et Michel, Recueil de morceaux choisis, 1" p.
O III. Cœt. A. » » » » » 2" p.
O III. Cœt. A. Rollin, Histoire d'Alexandre-le-Grand (éd. Weidmann). — La Fontaine, Fables.
U II. Fénélon, Télémaque. — Ampère, Voyages (éd. Weidmann). — Racine, Athalie. — Boileau, Oeuvres
U II. Montesquieu, Lettres persanes. — Voltaire, Lettres choisies (éd. Delagrave). -- Molière, Bourgeois gentilhomme. — Racine, Britannicus.
U I. Bossuet, Sermons. — Fénélon, Dialogues sur l'éloquence. — Racine, Plaideurs. — Corneille, Polyeucte.
O I. Bossuet, Oraisons funèbres. — Voltaire, Siècle de Louis XIV. — Molière, Femmes savantes. — Racine, Phèdre.
VI, V. Cœt. B. Plœtz, Elementarbuch.
IV - O II. Cœt. B. Plœtz, Schulgrammatik.
V, IV. Cœt. B. Kaiser, Chrestomathie, 1. Stufe.
O III, U III. Cœt. B. Kaiser, Chrestomathie, 2. Stufe.
U II, O II. Cœt. B. Kaiser, Chrestomathie, 3. Stufe.
Plœtz, Uebungen zur Erlernung der französischen Syntax.

Lateinisch.

VI - I. Ellendt-Seyffert, Grammatik.
VI. Ostermann, Uebungsbuch für Sexta mit Vocabularium.
V. » » Quinta »
IV. » » Quarta »
III. » » Tertia »
U II. Süpfle, Lateinische Stilübungen, 2. Theil, für obere Klassen.
O II. Seyffert, Uebungsbuch für Secunda.
I. Berger, Lat. Stilistik.
U I. Süpfle, Aufgaben zu latein. Stilübungen, III, für die obern Klassen.
O I. Seyffert, Materialien für die oberste Bildungsstufe der Gymnasien.
IV. Cornelius Nepos.
III. Cæsar de bell. gall. — Ovid Metamorphosen (Auswahl von Siebelis).
U II. Cicero, Catilin. Reden. — Sallust.
II. Vergil.
O II. Livius. — Cicero, Pro lege Manilia.
U I. Cicero, Verrin. IV. — Tacitus, Historiæ. — Horaz.
O I. Cicero, De officiis. Reden. — Tacitus, Annales. Germania. -- Horaz.

Griechisch.

III - I. Curtius, Griechische Grammatik.
III. Wesener, Uebungsbuch.

O III - I. Moritz Seyffert, Hauptregeln der griech. Syntax, her. von A. v. Bamberg, 1882.
 - II. Böhme, Aufgaben zum Uebersetzen.
O III. Xenophons Anabasis.
O III - O II. Homer, Odyssee.
 II. Xenophon, Anabasis. Herodot. Lysias. Plutarch.
 I. Homer, Ilias. Sophocles.
 U I. Demosthenes, Kleinere Staatsreden. Thukydides.
 O I. Demosthenes, Staatsreden. Plato, kleinere Dialoge.

Hebräisch.

O II, I. Gesenius, Grammatik. — Kautzsch, Uebungsbuch.

Geschichte.

IV - I. Schäfers Geschichtstabellen.
 IV. Jäger, Hülfsbuch zur alten Geschichte.
 III. Kromayer, Deutsche Geschichte.
 II. Herbst, Hülfsbuch zur alten Geschichte.
 I.   »   »   » mittleren und neuen Geschichte.
IV - I. Historischer Atlas.

Geographie.

VI - V. Seydlitz, Grundzüge der Geographie.
IV - I.   »   Schulgeographie.
VI - I. Atlas.

Mathematik.

IV - I. Mehler, Hauptsätze der Elementarmathematik. — Heiss, Sammlung von Aufgaben.
U III - U II. Wöckel, Geometrie der Alten.
O II, I. Martus, Mathemat. Aufgaben.
O II, I. Fünfstellige Logarithmentafeln.
 VII. Harms, Rechenbuch für die Vorschule, 2. Heft. Oldenburg, Stalling.
VI - IV. Harms und Kallius, Rechenbuch für Gymnasien etc. Oldenburg, Stalling.

Naturgeschichte.

VI, V. Vogel, Botanik (Berlin, Winkelmann), Heft I.
 IV.   »   »   »   »   » II.
VI, V.   » Zoologie   »   »   » I.
 IV.   »   »   »   »   » II.
 Für die übrigen Klassen werden die Lehrbücher nach Beginn der Schule bestimmt
 werden.

Singen.

 VII. Sering, Auswahl von Gesängen für Gymnasien, Heft I.
VI - V.   »   »   »   »   »   »   » II.

Schlussbemerkung.

Das neue Schuljahr beginnt Montag, den 17. September, um 2 Uhr. Die Aufnahme-prüfungen finden an demselben Tage um 9 Uhr Morgens statt. Im Interesse der aufzu-nehmenden Schüler wird um pünktliche Einhaltung dieses Termins gebeten.

Die Einschreibegebühr beträgt 8 Mark, das Schulgeld jährlich 80 Mark, in 3 Terminen zahlbar: am 1. Oktober 24 Mark, am 1. Januar 24 Mark, am 1. April 32 Mark.

Für den Unterricht im fakultativen Freihandzeichnen sind besonders zu entrichten: 20 Mark jährlich, und zwar am 1. Oktober 6 Mark, am 1. Januar 6 Mark, am 1. April 8 Mark.

Anmeldungen neuer Schüler nimmt der Direktor bis zum 4. August und am 14. bis 17. September entgegen. Da mehrere Klassen schon jetzt nahezu vollzählig sind, empfiehlt es sich, die Anmeldungen möglichst frühzeitig zu machen.

Strassburg, den 25. Juli 1883.

Der Direktor,

C. F. Schneegans.